W0236194

Der Karola von Hodenberg

Appaloosa

Kierdorf

Mein besonderer Dank gilt Kay Payne und George Hatley
für die Überlassung von Informationsunterlagen und Bildmaterial.

ISBN 3-89118-024-1
3. geänderte Auflage
© Verlag Ute Kierdorf, Wipperfürth
Alle Rechte vorbehalten
Gesamtherstellung: Verlag Ute Kierdorf
Printed in Germany

Inhalt

I. KAPITEL

Geschichte der gefleckten Pferde

II. KAPITEL

Der Appaloosa Horse Club, USA (ApHC)

III. KAPITEL

Die Appaloosa-Rasse

IV. KAPITEL

Appaloosa-Shows 71

V. KAPITEL

Anhang

Geleitwort

Die Entwicklung des Reitsports in den letzten zwei Jahrzehnten hat ein nie geahntes Ausmaß angenommen. Breite Schichten der Bevölkerung fühlen sich zu dem Vierbeiner, der sowohl Kamerad im sportlichen Wettkampf wie aber auch Gestalter der Freizeit für groß und klein sein kann, hingezogen. Dabei ist es nicht immer jedermanns Vergnügen, sich in harter Selbstdisziplin strenger reiterlicher Schulung zu unterwerfen. Vielen genügt es, soviel reiterliches Können zu erwerben, daß ein sicherer Umgang mit dem Freund Pferd gewährleistet ist. Für diesen sehr großen Teil unserer heutigen Reiter spielen die interieuren Eigenschaften des Pferdes eine besonders wichtige Rolle, wobei die Eigenschaften Leichttrittigkeit, Gutartigkeit und ausgeglichenes Temperament von Bedeutung sind. Der Appaloosa verfügt in sehr ausgeprägter Weise über diese Eigenschaften, ohne dabei etwa gleichzeitig temperamentlos und stumpf zu werden oder etwa für Leistungsansprüche nicht geeignet zu sein. Hinzu kommt, daß Art der Farbzeichnung und Mannigfaltigkeit der Farbvariationen einen besonderen Reiz ausüben. Bei mehreren Equitana-Ausstellungen Mitte der siebziger Jahre wurde dieses bisher nur aus Westernfilmen bekannte Indianerpferd bei uns vorgestellt. Spontan fand es auch hier seine Liebhaber, die nun mit Ehrgeiz und Energie den Aufbau dieser Rasse betreiben. Das vorliegende Buch ist deshalb besonders geeignet, Interessenten einen Einblick in die Herkunft und die Anforderungen des Appaloosa zu geben. Der bereits Appaloosa-Infizierte erhält die Vervollkommnung seiner Kenntnisse und wertvolle Anregungen.

Die Autorin gehört zu den Pionieren dieser Entwicklung und ist dadurch schon prädestiniert, ihr Wissen um den Appaloosa in verständlicher und eindrucksvoller Art an einen großen Kreis weiterer Interessenten weiterzugeben.

Dr. Dohn

Vorwort

Dieses Buch erhebt keinen Anspruch auf Vollständigkeit. Dazu ist alles Wissenswerte über und um eine so wunderbare Pferderasse zu umfangreich, und zur Zeit existiert noch kein deutschsprachiges Werk hierüber.

Es ist also ein Anfang am Nullpunkt, und als solches möchte es auch verstanden werden. Ich habe mich bemüht, einen breiten Leserkreis anzusprechen und daher dieses Buch in erzählender Form für jeden leicht verständlich gehalten. Darüber hinaus dürfte es auch für jeden Pferdekenner und Appaloosa-Liebhaber eine interessante und lohnende Lektüre darstellen.

Wenn man nun beginnt und ein Ergebnis erhalten möchte, das der Mühe wert ist, so gibt es zahllose Entscheidungen darüber, was dieses Buch aussagen sollte und welche Dinge möglicherweise ausgelassen werden könnten. Die Entscheidungen setzen voraus, daß alles erdenkliche Material über Appaloosas gesammelt und sorgfältig studiert wurde.

Dieses Buch ist das Resultat vieler Stunden harter Arbeit und des Studierens zahlreicher amerikanischer Werke über diese Pferderasse, zusammengetragen, frei übersetzt und durch mündlich Überliefertes und eigene Erfahrungen ergänzt. Ich habe versucht, nicht nur trockene Fakten aufzuzählen, sondern einen Hauch der abenteuerlichen Atmosphäre um dieses Pferd und etwas von dem Pioniergeist der Leute zu vermitteln, die sich unermüdlich für diese Rasse eingesetzt haben.

Wenn nun nicht über alles ausführlich berichtet werden kann, dann denken Sie daran, daß dies nur ein Anfang sein soll. Es soll Appaloosa-Züchtern und Freunden zum besseren Verständnis dienen, sie anspornen und ein guter Start für eine erfolgreiche Zucht in Deutschland sein.

Karola Freiin von Hodenberg

Gestüt Bernsen, Auetal,
im Juni 1981

Tom Redheart

Einleitung

„Sage General Howard, daß ich sein Herz kenne. Was er mir zuvor sagte, trage ich in meinem Herzen. Ich bin müde des Kämpfens. Unsere Häuptlinge sind tot. „Looking Glas" ist tot. „„Toohoolhoolzote" ist tot. Die alten Männer sind tot. Es sind die jungen Männer, die ja und nein sagen (sich nicht entscheiden können). Es ist kalt, und wir haben keine Decken.

Die kleinen Kinder frieren sich zu Tode. Einige meiner Leute sind in die Berge gelaufen und haben keine Decken, kein Essen; niemand weiß, wo sie sind – vielleicht frieren auch sie sich zu Tode. Ich möchte Zeit haben, um nach meinen Kindern zu suchen und zu sehen, wieviele ich finden kann. Möglicherweise finde ich sie unter den Toten.

Hört mich, meine Häuptlinge! Ich bin müde. Mein Herz ist krank und traurig. Vom jetzigen Sonnenstand an werde ich nie wieder kämpfen."

(wörtlich übersetzt)

Diese ergreifende Rede wurde von Chief Joseph (Häuptling der Nez Perce-Indianer) überliefert, als er sich am 5.10.1877 General Howard ergab. Joseph und sein Stamm hatten zu diesem Zeitpunkt die fast unpassierbaren „Bitter Root Mountains" überquert, waren zweimal durch die Rockies zu den „Bear Paw Mountains" gezogen und nur 30 Meilen von ihrem Ziel, der kanadischen Grenze, entfernt. Entmutigt durch Hunger und Erschöpfung, ergaben sie sich.

Die Pferde, die Joseph und seine Leute auf diesem Treck getragen hatten, waren der ganze Stolz der Nez Perce-Indianer.

Es heißt, daß ein großer Teil der Pferde erschossen wurde, um den Indianern eine Flucht zu erschweren. Die restlichen Pferde wurden zusammengetrieben und nach Fort Keogh gebracht, um dort verkauft zu werden.

So wurden die hervorragenden Nez Perce-Pferde, unter denen sich viele gefleckte Appaloosas befanden, im ganzen Westen der USA zerstreut. Im wesentlichen starb die Rasse damit aus.

Erst 1937 veröffentlichte die Zeitschrift „Western Horseman" einen Artikel von Dr. Francis Haines, aufgrund dessen die Idee entstand, einen Club zu gründen. Dieser Club sollte die Rasse der gefleckten Pferde wieder aufleben lassen.

Für alle Bewunderer der Appaloosas möchte ich hier einiges über den Grundstock der neubegründeten Appaloosarasse mitteilen und hoffe, damit Besitzern und Züchtern mehr Wissen und Verständnis über Familien-Blutlinien innerhalb der Zucht zu vermitteln.

Das Vermächtnis einer jeden dieser hauptsächlichen Blutlinien zieht sich durch die frühen Tage der Registrierung bis zum heutigen Tage und spiegelt sich wider in heutigen Showresultaten. Wesensmerkmale sowie deutliche Vererbungsanlagen einzelner Blutlinien sind auch heute noch klar erkennbar.

I. KAPITEL
Die Geschichte der gefleckten Pferde

1. Prähistorisches

Lange bevor die Menschen das Reiten erlernten, gab es gefleckte Pferde. Vor ungefähr 20.000 Jahren, als Nordeuropa noch von einer riesigen Eisschicht bedeckt war, grasten zahlreiche Herden wilder Pferde auf den Flächen, die vom Eis schon befreit waren und wo langsam ein Baumbestand zu wachsen begann. Höhlenmenschen jagten diese Pferde und ernährten sich von ihrem Fleisch. In den Höhlen von Lascaux und Peche-Merle in Frankreich befinden sich Zeichnungen an den Wänden, die gefleckte Pferde darstellen. Archäologen schätzen, daß diese Zeichnungen ca. 18.000 Jahre vor Christi Geburt entstanden. Sie legen Zeugnis darüber ab, daß gefleckte Pferde lebten, lange bevor es schriftliche Überlieferungen gab.

Ein weiterer vorgeschichtlicher Hinweis auf gefleckte Pferde kommt aus Österreich. Ca. 1.000 Jahre v. Chr. eroberten aus Asien eindringende Reiter Gebiete im heutigen Österreich. Bei diesen Völkern war es Brauch, daß sie wertvolle Gegenstände mit ihren Toten begruben. Man hat also bei Ausgrabungen viele kulturelle Gegenstände gefunden, die auf den damaligen Lebensstil Rückschlüsse zulassen. Unter anderem fand man in einem Grab eine Säbelscheide, auf der 4 gefleckte Pferde zu sehen sind.

Persien

Die ersten Berichte über gefleckte Pferde stammen von dem griechischen Historiker Herodot. Er berichtet über die persischen Kriege, und in diesem Zusammenhang beschreibt er in allen Einzelheiten die „besonderen heiligen Pferde", die den Streitwagen des persischen Königs XERXES zogen, als er 480 v. Chr. einen Überfall auf Griechenland wagte. Herodot deutet an, daß diese gefleckten Pferde von besonderer Zucht und nur dem König und seinen engsten Vertrauten vorbehalten waren.

Die Perser rühmten ihre gefleckten Pferde als die besten Kriegspferde, und es gibt sogar poetische Überlieferungen, insbesondere über das Pferd ‚Rakush', das von dem Volkshelden ‚Rustam' geritten wurde.

China

Der Ruhm der hübschen persischen Pferde verbreitete sich bis nach China. Als der chinesische Kaiser WU TI davon hörte, wollte auch er solche Pferde besitzen. 126 Jahre v. Chr. bot er den Persern enorme Mengen Gold für einen Grundstock von Zuchttieren an, jedoch sein Angebot wurde ausgeschlagen. So sandte WU TI seine Heerscharen gegen die Perser aus, um diese Pferde zu erobern. Die erbitterten Kämpfe dauerten mehrere Jahre. Nach chinesischen Überlieferungen kosteten sie das Leben von ca. 40.000 Mann und 100.000 Pferden, bevor die begehrten Pferde endlich erobert und etwa 101 v. Chr. nach China gebracht werden konnten. Die Schönheit und Kraft dieser Pferde inspirierten den Kaiser, ihnen ein Gedicht zu widmen mit dem Titel: „Die himmlischen Pferde aus dem äußersten Westen". Auch die Künstler der damaligen Zeit verewigten die gefleckten Pferde auf Zeichnungen, Vasen und Statuen.

Von Persien aus gelangten gefleckte Pferde westwärts durch Süd-Rußland nach Deutschland und den Niederlanden.

Europa

Ab 1600 tauchen gefleckte Pferde dann fast überall in Europa auf. Um nur einige Beispiele aufzuzählen: in Frankreich erscheinen sie auf zeitgenössischen Gemälden von Kriegs- oder Jagdszenen.

1774 hatte Louis XVI. von Frankreich ein Paßgespann gefleckter Pferde, das seinen Jagdschlitten zog. Passend zu den Pferden hielt er 2 Dalmatiner-Hunde.

1685 wurde ein geflecktes Pferd nach England importiert. Dort entstand eine Zucht, die bis zum heutigen Tage besteht. Im frühen 18. Jahrhundert wurden von England einige der besten ‚Quarter-Horses' als Zuchtmaterial nach Virginia gebracht, und nachweislich hatten einige dieser Tiere die typischen Appaloosa-Fellzeichnungen.

2. Die spanischen Pferde

Eine große Rolle für die Entwicklung und Verbreitung gefleckter Pferde spielte Österreich.

Das Reich Karls V. umfaßte neben Deutschland sowohl Spanien als auch Österreich. Als Karl V. 1556 abdankte, ging Spanien auf seinen Sohn Phillip II über und Österreich auf seinen jüngeren Bruder Ferdinand.

Da nun die Herrscher dieser zwei mächtigen Länder nahe Verwandte waren, tauschten sie untereinander großzügige Geschenke aus. So nimmt man an, daß die Andalusischen Hengste und Stuten, die Ferdinand um 1560 bekam, ein Geschenk seines Neffen Phillip II waren. Diese andalusischen Tiere wurden für einige Jahre auf dem Gestüt in Kladrub (heute tschechoslowakisches Staatsgestüt) untergebracht. Später wurde dann der größte Teil dieser Pferde nach Lipizza (seit 1947 jugoslawisches Staatsgestüt) verlegt. Die in Lipizza gezogenen Pferde wurden sehr bald als Lipizzaner bekannt und ursprünglich nur für den Hof gezüchtet.

Es gibt ein Gemälde von Johann Georg Hamilton, auf dem erkennbar ist, daß einige der Stuten von Lipizza typische Appaloosa-Fellzeichnungen tragen. Die Pferde aus Lipizza galten als besonders intelligent und gelehrig. Die Hengste wurden in Wien ausgebildet, und da die Pferde ursprünglich spanischer Herkunft waren, nannte man die Schule, die 1735 in Wien begründet wurde, ,Spanische Hofreitschule Wien'.

Viele Bilder aus der Mitte des 18. Jahrhunderts zeigen, daß dort vorwiegend gefleckte Pferde geritten wurden.

Die Blütezeit des Gestüts in Lipizza begann mit der Herrschaft Maria Theresias. Von ungefähr 350 Pferden waren ca. 200 Zuchtstuten im Bestand. Alle Hengste mit besonderer Befähigung und alle Zuchthengste wurden auf die ,Spanische Hofreitschule' nach Wien geschickt. Die übrigen gab man an Adelige, die in der Armee dienten.

Pinzgauer

Von den gefleckten Pferden, die in Kladrub verblieben waren, wurden einige mit schweren Rassen gekreuzt, um sie als Wagenpferde zu nutzen. Die Erzbischöfe von Salzburg begannen planmäßig zu züchten. Ein Erzbischof hatte gefleckte Pferde von Kladrub angefordert und mit schweren Arbeitspferden gekreuzt. Diese stämmigen Pferde wurden besonders beliebt in den Gebirgsgegenden südlich von Salzburg, vorwiegend im Pinzgauer Tal. Hierher rührt auch der Name dieser Pferde, denn bald nannte man sie in Österreich schlechthin die ‚Pinzgauer', obwohl der überwiegende Teil aus Kladrub kam.

Knabstrupper

Da während des 17. Jahrhunderts der höfische Lebensstil in Europa weitgehend vom österreichischen Hof bestimmt wurde, ist es nicht verwunderlich, daß nun auch in den königlichen Stallungen Dänemarks gefleckte Pferde Mode wurden.

1680 präsentierte Christian V. von Dänemark seiner Schwester 6 gefleckte Pferde. Aus irgendeinem Grunde hatten die Dänen jedoch Schwierigkeiten, das rechte Zuchtmaterial zu finden, so daß die gefleckten Pferde immer seltener wurden.

Erst 1808, als im Verlauf der napoleonischen Kriege ein spanisches Heer in Dänemark stand, kaufte ein dänischer Schlachter den Spaniern eine gefleckte Stute ab. Sie wurde der Ursprung der uns bekannten ‚Knabstrupper'-Linie, die während des 19. Jahrhunderts Bedeutung erhielt, dann aber im 20. Jahrhundert durch die Mechanisierung der Landwirtschaft stark verdrängt wurde. Ein Teil der heute in Deutschland befindlichen appaloosa-ähnlichen Pferde sind Nachkommen dieser Knabstrupper und aus Dänemark zu uns gelangt.

Wir sehen also rückblickend: Gefleckte Pferde hat es seit Menschengedenken gegeben. Nun waren dies keine Appaloosas, und so wurden sie auch nicht genannt. Jedes Land hatte seine eigene Bezeichnung. So nannte man die gefleckten Pferde in Persien ‚Kuran dagh', in China ‚Himmlische Pferde' oder ‚Blutschwitzende Pferde', in Spanien ‚Chubarry, Atigrado', in Frankreich ‚Tigre', in Argentinien ‚Tigre, pintado', in England ‚Chubarry, Blagdon, piebald', in Österreich ‚Pinzgauer', in Dänemark ‚Knabstrupper'.

Appaloosa-Pferde sind ausschließlich solche, die auf die Pferde aus dem Bestand der Nez Perce-Zucht zurückgehen.

Bei so vielen Zweigen unter den gefleckten Pferden fragt man sich natürlich: „Welche dieser Pferde gelangten denn nun eigentlich zu den

Nez-Perce-Indianern, und wie geschah das?" und „Welche Rolle spielen die Indianer dabei denn überhaupt noch?"

Der Weg der gefleckten Pferde bis hin zu den Indianern führt durch mehrere Jahrhunderte.

3. Gefleckte Pferde in Mexiko

Um 1500 herum hatten sich die Spanier in Mexiko angesiedelt und dort spanische Gesetze eingeführt. Viehzüchter, die durch die riesigen Weideflächen in Nord-Mexiko angezogen wurden, errichteten große Haziendas und züchteten Schafe, Rinder und Pferde. Der Grundstock für die Zucht wurde aus Spanien eingeführt, und die Haziendas in der Gegend von Durango und Chihuahua wuren damit bestockt. In diesen Gebieten konnte man die eingeborenen Indianer als freie Arbeitskräfte für die niedrigen Arbeiten nutzen. Die Indianer sollten Vieh und Pferde zwar hüten, es war ihnen aber gesetzlich verboten, Pferde zu reiten. Trotz des strengen Verbotes dauerte es nicht lange, bis der eine oder andere Indianerjunge heimliche Reitversuche unternahm und dabei Erfolg hatte.

Die Indianer begannen Vieh und Pferde zu stehlen, und nach und nach brachten sie es sogar zu eigenen Herden spanischer Pferde. Um 1680 herum wußten nur die Indianer in der Nachbarschaft der spanischen Siedler die Pferde zu nutzen. Alle anderen Indianer hätten sie höchstens gegessen.

Zu welchem genauen Zeitpunkt der erste Transport mit Pferden in die ‚Neue Welt' ging, ist nicht bekannt. Es gilt aber als erwiesen, daß im Jahr 1621 ein Schiffstransport mit gefleckten Pferden von Triest (Jugoslawien), also ganz aus der Nähe Lipizzas, nach Vera Cruz ging. Aus Chihuahua weiß man, daß es dort um 1680 einen gefleckten Hengst gab. Dieses erklärt die ‚Appaloosa'-Fellzeichnung bei den frühen mexikanischen Pferden. Heute sind in Mexiko gefleckte Pferde fast unbekannt, außer in der nördlichen Gegend um Chihuahua, wo sie als Wildpferde umherlaufen.

Von Chihuahua aus wurden die gefleckten Pferde wahrscheinlich durch die Navajos nach Norden gebracht und gelangten so um 1710 zu den Nez Perce-Indianern.

4. Die ersten Pferde der Nez Perce

Vor ungefähr 270 Jahren zählte der Stamm der Nez Perce-Indianer ca. 3.000 Mitglieder. Sie wohnten weit verzweigt in ca. 50 kleinen Dörfern in dem Bereich, wo die Grenzen der Staaten Washington, Idaho und Oregon aneinanderstoßen. Die Nez Perce waren ein Fischervolk, und sie hatten ihre Dörfer entlang dem unteren Salmon River und am Snake River mit seinen vielen kleinen Nebenflüssen, wo sie über Winter vom Fischfang lebten.

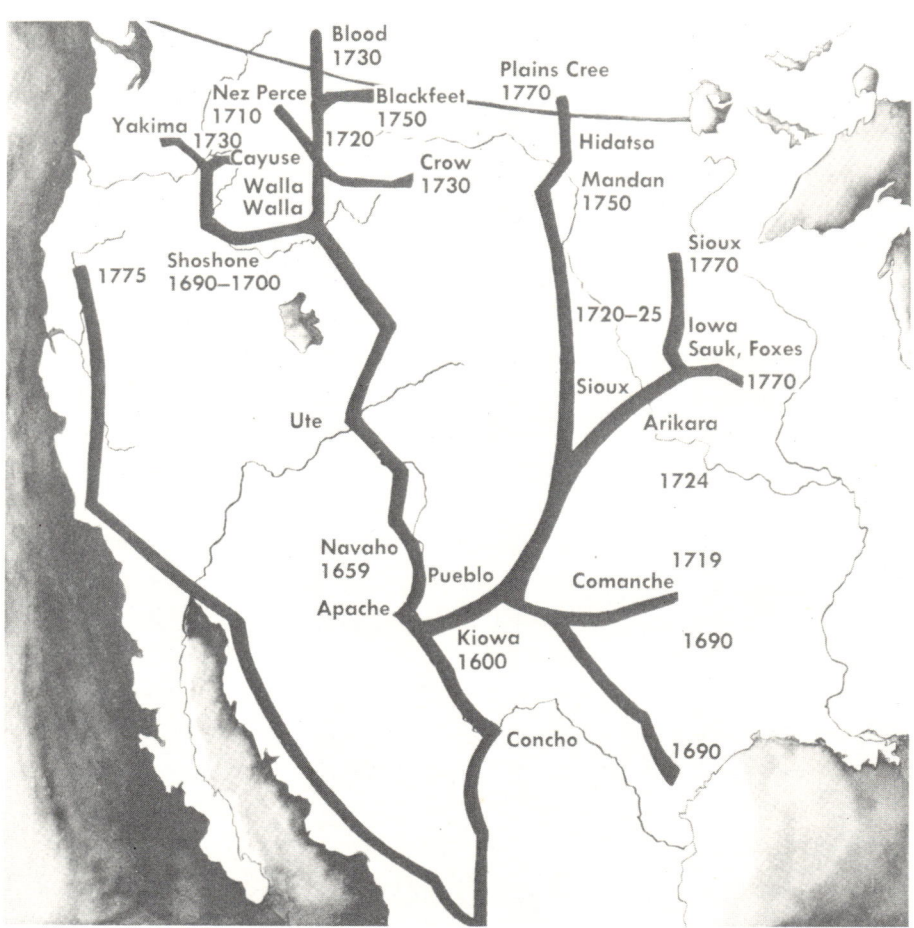

Von Mexiko gelangten die Pferde in den Nordwesten Amerikas. Die Jahreszahlen beruhen auf Schätzungen.

Wenn das Frühjahr zu Ende ging und die Sommersonne die Vegetation ihrer Täler versengte, war es üblich, daß einige Stammeszweige der Nez Perce auf die Hochebene oder in die wenigen höher gelegenen Bergtäler umzogen, wo sie sich von den Früchten der Natur, Beeren, Knollen usw. ernährten. Die Männer gingen auf Jagd und erlegten Moorhühner und Rehe oder fingen Bergforellen.

Die Stammesmitglieder, die am unteren Salmon River ansässig waren, zogen flußaufwärts bis hin zu dem Quellgebiet, wo es große Weideflächen gab.

So wie die Nez Perce machten es auch andere Indianerstämme, z. B. die Shoshoni, die etwas südlicher in der Gegend von Boise ansässig waren. Die Shoshoni-Indianer zogen den Payette River und den Weiser River flußaufwärts, um im oberen Flußbereich ihre Sommer-Camps aufzuschlagen. So kamen sich diese zwei Stämme im Sommer sehr nahe, und ihre Camps waren teilweise nur durch niedrige, mit Kiefern bewachsene Bergkämme getrennt. Man vertrug sich, und im Laufe der Jahre entwickelte sich ein reger Handel. Die Shoshoni konnten fein geschliffene Edelsteine wie Jaspis, Achat und Onyx anbieten. Die Nez Perce hingegen tauschten dagegen unter anderem selbst hergestellte Gebrauchsgegenstände.

Im Herbst eines Jahres entstand große Aufregung in den Dörfern der Nez Perce. Ein Indianer, der aus einem der oberen Salmon River Camps zurückkam, hatte eine sehr unglaubwürdige Geschichte über die Shoshoni mitgebracht. Die Shoshoni hatten ein fremdartiges zahmes Tier, das so groß wie ein Elch war und sehr stark sein sollte. Trotzdem war es gutartig und folgsam. Es fraß Gras und konnte an einem Seil herumgeführt werden. Außerdem war es in der Lage, 2 große Packstücke über viele Meilen den ganzen Tag lang zu tragen.

Die Stammesältesten des Dorfes Asotin zeigten besonderes Interesse für dieses neue Tier. Sie beschlossen, daß ihre Vorräte groß genug seien, um einen Teil davon gegen solch eine ‚Neuheit' einzutauschen. Im folgenden Sommer kauften sie den Shoshoni in ihrem Sommercamp eine weiße Stute ab. Es stellte sich heraus, daß sie wirklich sehr brav war. Die Stute war schon etwas älter, gut trainiert und hochtragend. Sie wurde zur Sehenswürdigkeit der gesamten Gegend, und Nez Perce kamen aus weit entfernt liegenden Dörfern, nur um sie grasen zu sehen. Bald bekam sie ihr Fohlen, und die neugierigen Zuschauer lernten Einzelheiten über die Geburt und das Benehmen des Fohlens.

Die Nez Perce beschlossen, den Shoshoni weitere Pferde abzukaufen. Zuerst wurden sie nur zur Schau gestellt, besonders bei festlichen Anlässen. In kurzer Zeit lernten die Nez Perce mit den gut trainierten Pferden umzugehen und nutzten sie als Packtiere. Schließlich lernten die mutigen unter den jungen Männern das Reiten, so wie es die Shoshoni taten. Die eigene Nachzucht konnte eingeritten und trainiert werden. Nachdem sie sich nun ausreichend Erfahrung mit Pferden angeeignet hatten, hielten die Nez Perce es nicht mehr für nötig, immer zu bezahlen, wenn sie neue Tiere brauchten. Sie überfielen einfach die Herden der Shoshoni und stahlen, was sie kriegen konnten. Bald hatte jedes Nez Perce-Dorf eine eigene kleine Herde.

Das Land der Nez Perce war ideal für die Aufzucht und Haltung von Weidetieren. Im Sommer hatten sie gute Weide und reichlich Wasser auf den Hochebenen, und im Winter fanden sie ausreichend Gras in den tiefen, geschützten Tälern ihrer Dörfer. Ihr Land war von allen Seiten gegen Überfälle anderer Indianer-Stämme geschützt, und die Räuber der Natur, wie Wölfe und Berglöwen, wurden von den Jägern der Nez Perce unter Kontrolle gehalten.

Führleinen, Trensen, Packsättel und schließlich auch Reitsättel wurden gekauft, gestohlen oder bei den südlichen Nachbarn abgeguckt und nachgearbeitet.

Der ganze Prozeß vom Kauf der ersten Stute bis dahin, daß alle Stammeszweige der Nez Perce Pferde besaßen und damit auch umzugehen und sie zu nutzen verstanden, dauerte ungefähr 15–20 Jahre.

Die Pferdezucht der Nez Perce

In weniger als 100 Jahren vollzog sich bei den Nez Perce der Wandel vom Volk der Fischer und Farmer zu nomadischen Jägern.

Das Pferd hatte die Lebensart der Nez Perce vollkommen verändert. Sie durchstreiften das Gebiet vom Snake River bis hin nach Montana, um die Büffel zu jagen.

Von allen nordamerikanischen Indianern wurden fast ausschließlich die Nez Perce zu Pferdezüchtern. Die meisten anderen Stämme vermehrten ihren Pferdebestand durch Diebstahl oder Handel. Manche Stämme waren einfach nicht in der Lage, genügend Fohlen aufzuziehen, um ihre Herden zu vergrößern, so daß sie auf Pferde der Siedler oder der Nachbarstämme angewiesen waren. Die Nez Perce verkauften ihre schlechtesten Pferde und behielten die besseren für sich.

Man darf sich nicht vorstellen, daß die Nez Perce nur Spitzenpferde besaßen. Ihre Herden waren bunt gewürfelt, von robusten Indianer-Ponies über Packpferde bis zu den berühmten Kriegs- und Büffeljagdpferden. Für die Nutzung dieser Pferde bestand eine Rangfolge. Schlechte Qualität und ausrangierte Packpferde wurden in großen Mengen für den Handel mit anderen Indianer-Stämmen benutzt und gegen alle möglichen Gebrauchsgegenstände eingetauscht.

Die nächstbesseren Pferde benutzten sie als Packpferde und als Reitpferde für die Frauen und alten Leute ihres Stammes. Es waren ruhige Pferde, die für diesen Zweck zuverlässig und geeignet sein mußten.

Alle guten Pferde waren den Männern des Stammes vorbehalten, aber nochmals unterteilt für zwei verschiedene Verwendungszwecke. Die einen brauchten nicht sonderlich dekorativ auszusehen, mußten aber robust und leichttritt sein für Gebirgswanderungen und Reisen. Bei diesen Pferden kam es nicht darauf an, daß sie besonders schnell und wendig waren.

Die anderen, die Auslese der Herde, waren die Büffeljagd- und Kriegspferde. Sie stellten nur allerbestes Material dar, wurden hart trainiert und mußten durch Tests und Wettbewerbe geprüft werden, bevor sie zu dieser Kategorie zählten.

Die Indianer glaubten an magische Kräfte. Bei besonderen Anlässen wurden die siegreichen Pferde mit Federn, Schleifen und Farbklecksen bunt geschmückt. Zu Kriegszeiten wurden die Pferde immer dekoriert, d. h., wenn genügend Zeit für diese Arbeit verblieb.

Die Pferde, die von Natur aus mit eindrucksvollen Farbmustern gezeichnet und außerdem schnell waren, wurden besonders geschätzt. Sie waren die idealen Kriegspferde, denn sogar bei Überraschungsangriffen waren sie bereit, und während der Kämpfe konnten weder Pferdeschweiß noch Regen ihre Farben verwaschen.

Das Erstaunliche ist, daß niemand den Nez Perce-Indianern beibrachte, wie man eine Zuchtauslese trifft. 1806 erschien in einem amerikanischen Journal ein Artikel, in dem der Verfasser Lewis seine Verwunderung über die Qualität, die Eleganz und Ausdauer der Nez Pérce-Pferde zum Ausdruck brachte. Bereits zu dieser Zeit, so schrieb er, wurden die minderwertigen Hengste gelegt, die Jährlinge sondiert und die Zucht nur mit den besten Stuten und Hengsten betrieben. Wer hatte diesem nicht zivilisierten Volk das Verständnis für Zuchtselektion beigebracht? Diese Frage blieb bis heute unbeantwortet.

Die Indianer erhielten keinerlei Instruktionen oder Anleitungen durch Fachleute, und trotzdem konnten ihre Pferde, die Kriegs- und Büffelpferde, einem Vergleich mit den besten englischen oder spanischen Pferden standhalten. Auch ihre Methode der Kastration war besser als die der weißen Amerikaner. Die Pferde der Indianer erholten sich schneller, und es gab kaum Entzündungen oder Schwellungen. Sogar die kleinen Indianercamps, die sich selbst arm nannten, besaßen um die 600–700 Pferde.

Es ist nicht der Verdienst der Nez Perce-Indianer, daß es gefleckte Pferde gibt. Auch waren die gefleckten Pferde bereits edel gezogen, als sie mit den Spaniern nach Mexiko kamen, aber im Besitz der Nez Perce wurden die Pferde zu unvergleichlichen Jagd-Pferden und einmalig harten Kriegs-Pferden. Das Verdienst der Nez Perce ist der ‚APPALOOSA', der sich durch seine besondere Leistungsstärke auszeichnet.

Das Trainingsprogramm der Nez Perce-Pferde war genauso überlegt wie das Zuchtprogramm. Vom ersten Tag an wurden die Fohlen auf natürliche Art konditioniert. Im Sommer grasten sie auf den steilen bewaldeten Bergen und im Winter in den geschützten Tälern. In dieser Umgebung wuchsen die Fohlen schnell und entwickelten frühzeitig starke Muskulatur.

Als Jagdpferd mußte der Appaloosa lernen, eine flüchtende Büffelherde einzuholen und seinen Reiter längsseitig heranzubringen, damit dieser den Büffel erlegen konnte. Das Schwirren des Bogenpfeils war für das Pferd das Kommando, dicht heranzugehen und das tödlich verwundete Tier von seiner Herde zu trennen. Dieses gefährliche Manöver war notwendig, damit der fallende Büffel nicht von der nachstürmenden Herde zertrampelt wurde. Ein gereizter Büffel ist angriffslustig, doch wieviel mehr noch, wenn er verwundet ist. Dem mutigen Pferd, das versucht, ihn von seiner Herde zu trennen, ist er nicht gut gesonnen. In Bruchteilen einer Sekunde kann er wenden und das lästige Pferd aufspießen. Zu dieser Arbeit brauchte der Appaloosa grenzenlosen Mut. Einen Fehltritt durfte er sich nicht erlauben, denn das hätte den sofortigen Tod für ihn und seinen Reiter zur Folge gehabt.

Als Kriegspferd wurde der Appaloosa auf Geschwindigkeit und Ausdauer trainiert. Seinem Reiter mußte er unbedingt ergeben und seine Ruhe und Sensibilität für jede kleine Gewichts- oder Schenkelhilfe ausgeprägt sein. Er mußte einen zermürbenden Renntest über unwegsames Präriegelände ablegen. Die Distanz reichte von 7 bis 14 Meilen. Nur ein beherztes, stark konditioniertes Pferd mit guten Nerven konnte diese Strecke bewältigen, ohne aufzugeben.

Es ist nicht verwunderlich, daß der Appaloosa als Ergebnis auserlesener Zucht und wohlüberlegten Trainings, verbunden mit unerschütterlicher Anhänglichkeit an seinen indianischen Lehrmeister, berühmt wurde für seine Intelligenz und Schnelligkeit, seinen Mut und seine Ausdauer.

6. Wie der Appaloosa zu seinem Namen kam

Der Palouse-River ist ein kleiner Fluß, der sich von Nordwest-Idaho nach Südost-Washington zieht und endlich in den Snake River mündet.

Als sich um 1870 die ersten Weizen-Farmer entlang diesem Flüßchen ansiedelten, lebte nach örtlichen Überlieferungen im unteren Bereich des Palouse-River ein Nez Perce, der eine riesige Herde gefleckter Pferde besaß. Die Weizen-Farmer benannten seine Pferde der Einfachheit halber nach dem Fluß ,Palouse' oder ,Palousey horses'. Bald gebrauchte man diesen Namen für alle gefleckten Pferde der Umgebung. Im Sprachgebrauch wurden die Worte ,A Palousey' zusammengezogen und daraus ,an Apalousey' gemacht. Schließlich gab man dem Pferd seinen heutigen Namen ,Appaloosa'.

7. Die Nez Perce-Kriege

Eines der wichtigsten Zuchtgebiete für Appaloosas war das Wallowa-Country im Nordosten Oregons. Hier hatte sich Chief Joseph mit seinem Stamm niedergelassen, und dieser Zweig der Nez Perce war es, der mit seinen Appaloosa-Pferden in die Geschichte einging. Die Tapferkeit der Indianer und ihrer Pferde beeindruckte ganz Amerika.

Am 15. Mai 1877 gab General Howard den Befehl, daß Joseph und seine Leute innerhalb von 30 Tagen mit ihrem ganzen Besitztum und ihren Herden in die ,Lapwai Reservation' in Idaho umziehen sollten. Darüber, daß dieser Umzug innerhalb so kurzer Zeit kaum durchführbar war, zerbrach sich der General nicht seinen Kopf. Die Indianer hatten ihr Wort gegeben und versuchten, es einzuhalten. Sie trieben alle Pferde zusammen, die sie in der Kürze der Zeit finden konnten, und zogen vorerst bis hin zu dem reißenden Snake River. Der Fluß war 400 m breit an der Stelle, die überquert werden mußte, und zudem heimtückisch. Zum Übersetzen hatten die Nez Perce Flöße aus Büffelhaut gefertigt. Auf die Flöße wurden die Frauen, Kinder und alten Leute des Stammes gesetzt. Außenherum befestigten sie ihren Besitztum als Schutz gegen das eisige Wasser und aus dem Wasser ragende Äste. Dann banden sie ihre Appaloosas an die Flöße. Als alles fertig war, setzten sich die Krieger der Nez Perce auf die Pferde und trieben sie in das eisige Wasser. Es ist eine außergewöhnliche Leistung für ein Pferd, nicht nur das Gewicht seines Reiters zu tragen, sondern zur gleichen Zeit ein schweres, sperriges Floß durch die reißende Strömung zu ziehen. Die Appaloosas bewiesen bewundernswerte Kraft, Mut und Ausdauer, denn wieder und wieder mußten sie diese Schwerstarbeit verrichten, bis ca. 300 Nez Perce über den Snake River gebracht waren. Die große Entfernung zwischen den Ufern erschwerte ihre Arbeit. Keiner der Nez Perce verlor sein Leben bei dieser dramatischen Flußüberquerung, aber Hunderte von Fohlen ertranken in dem tückischen Fluß. Hochtragende Stuten wurden von der starken Strömung mitgerissen und gegen die scharfkantigen Felsen geschleudert, die aus dem Wasser ragten. Die Todesschreie der gepeinigten Tiere erfüllten den gesamten Canyon. Es war der traurigste Tag, den die Nez Perce je erlebt hatten. Sie weinten leise, als sie ihre geliebten Pferde im schmutzigen Wasser untergehen sahen. Ungefähr 900 Pferde waren ertrunken.

Die Nez Perce zogen weiter, aber auf ihrem Weg zur ,Lapwai Reservation' ereigneten sich mehrere tragische Zwischenfälle zwischen Indianern und Siedlern. Drei junge Indianer vom Salmon River hatten vier Siedler getötet. Die Konsequenzen zwangen die Nez Perce in einen Krieg, den sie nicht gewollt hatten, und aus einem geplanten Umzug wurde für die Nez Perce und ihre Pferde ein Kriegszug. Von Fort Lapwai zog Captain Perry mit zwei Kavallerie-Kompanien aus, um das Indianer-Camp anzugreifen. Am 17. Juni überfielen sie die Indianer kurz nach Sonnenaufgang. Etwa 65 Indianer kämpften gegen Captain Perry's 112 Soldaten, aber schon nach wenigen Minuten waren die Soldaten geschlagen. Sie hatten 34 Tote und zwei Verwundete, die Indianer hatten nur zwei Verwundete. Dies war der Beginn einer Hetzjagd, die sich über 3 1/2 Monate hinzog.

Bei ‚Clearwater' führte General Howard mit 580 Soldaten einen Überraschungsangriff auf das Indianer-Camp aus. Die Indianer hatten ungefähr 100 Krieger zusammengezogen und konnten die Kämpfe zum Stillstand bringen. Mit so wenigen Kriegern gegen eine Übermacht von Soldaten war das Ende abzusehen. Um weiteres Blutvergießen zu vermeiden, flüchteten sie in Richtung der ‚Bitterroot Mountains' in Idaho.

Vor den Nez Perce lag der Lolo-Pass. Er war unwegsam, dicht bewaldet und stieg auf über 2.000 m an. Der Weg über den Paß war so schmal, daß ein Fehltritt des Pferdes ihm und seinem Reiter unweigerlich den grauenhaften Tod im dunklen Canyon gebracht hätte. Umgefallene Bäume blockierten den Weg, und eiskalter strömender Regen, der für diese Höhen typisch ist, vergrößerte die Rutschgefahr. Nach 250 Meilen voller Strapazen hätte man nicht glauben sollen, daß die von den Kämpfen erschöpften Pferde physisch noch in der Lage gewesen wären, alle diese Hindernisse zu bewältigen. Sie trugen die Krieger, die Verwundeten, die Familien der Nez Perce und ihren Besitztum. Nach der Überquerung des Lolo-Passes stießen sie immer wieder auf neue Kavallerie-Einheiten, und es gab weitere erbitterte Kämpfe. Im Zick-Zack flüchteten sie über die Rocky Mountains hinunter ins Yellowstone-Gebiet. Ihre Freunde, die ‚Crows', verweigerten ihnen die Gastfreundschaft. So zogen sie zurück nach Montana mit dem Plan, sich in Kanada mit den Sioux unter Sitting Bull zu vereinigen.

Die Appaloosas hatten schwere Lasten zu tragen. Es gab nur kleine Futterrationen und kaum Ruhepausen. Trotz all dieser Belastungen legten sie täglich ca. 16 Meilen, insgesamt 1.100 Meilen, zurück und dies in einer Zeitspanne von 3 1/2 Monaten. Ein unglaublicher Beitrag an Einsatzbereitschaft und Ausdauer, den die Appaloosas aus Wallowa im Kampf um die Freiheit ihrer Besitzer leisteten. In den Armee-Berichten steht zu lesen:

„Joseph und seine Leute mit ihren außergewöhnlich guten Pferden kämpften gegen 10 verschiedene U.S.-Kommandos in 13 Schlachten und Gefechten, und bei fast jeder Begegnung siegten sie oder erkämpften den Stillstand. General Shermann bezeichnet diese Kämpfe zu Recht als die ungewöhnlichsten Indianerkämpfe, über die je berichtet wurde."

Eine Neuheit der Weißen wurde den Indianern zum Verhängnis. Dank der neuen Telegraphen-Linie nach Fort Keogh war es General Howard möglich, Colonel Miles zu Hilfe zu rufen, der mit seinen Truppen den Weg abkürzte und am Morgen des 29. Sept. 1877 wieder einen Überraschungsangriff auf das Indianercamp ausführte. Colonel Miles war im Vorteil. Er hatte 600 Soldaten gegen 120 Nez Perce und zusätzlich den Überraschungseffekt auf seiner Seite. Er wollte die Indianer mit einem Angriff erledigen, wurde aber wieder abgewehrt. Es folgten 6 Tage der Belagerung durch die Soldaten. Dann traf General Howard mit seiner Verstärkung ein, und die Indianer ergaben sich. Der Tag der Niederlage war der 5. Oktober 1877. Die Nez Perce wurden in die Reservation verbannt, die Appaloosas beschlagnahmt und durch eine Auktion in Fort Keogh verkauft. Während der Nez Perce-Kriege hatte die Öffentlichkeit die Berichte in den Zeitungen mit Spannung verfolgt. Die gefleckten Pferde und die Nez Perce hatten durch ihre unerhörten Leistungen die Sympathie des Volkes gewonnen. Es gab kaum einen Pferdemann im Lande, der nicht gerne einen ,Palousey' erworben hätte. Die Auktion verlief schnell. Die Angebote kamen Schlag auf Schlag, und die Appaloosas wechselten ihr Zuhause.

Ironischerweise waren es diese Käufer, die den Niedergang der Pferde verschuldeten, denen sie einst zugejubelt hatten. Eine Zuchtauswahl wurde nicht mehr getroffen. Appaloosas wurden ohne Rücksichtnahme gekreuzt mit dem, was im Stall stand, ob Kaltblut, Pony oder Maulesel, die Hauptsache, es bekam Flecken. Durch dieses schlimme Zuchtdilemma, das durch eine zivilisierte Gesellschaft verursacht wurde, geriet der reinrassige Appaloosa vorübergehend in Vergessenheit.

II. KAPITEL
Der Appaloosa Horse Club, USA (ApHC)

1. Die Anfänge des Appaloosa Horse Club (ApHC)

Für Mr. Claude Thompson wurde ein lebenslanger Traum wahr, als am 30. Dezember 1938 der ApHC nach dem Gesetz des Staates Oregon amtlich eingetragen wurde.

Claude hatte seinen ersten Appaloosa im Jahre 1894 erworben, und seine Liebe und sein Respekt für diese Rasse waren im Laufe der Jahre gewachsen. Nie hatte er den Versuch aufgegeben, im Alleingang für sie zu kämpfen. Sein großer Durchbruch kam, als er 1937 Dr. Francis Haines begegnete. Francis Haines war zu dem Zeitpunkt Professor für Geschichte am North Idaho College in Lewiston. Beide Männer teilten dieselbe Bewunderung für Appaloosa-Pferde, und sie arbeiteten fast 2 Jahre daran, den Grundstein für die Registrierung zu legen.

Die Ziele des damaligen ApHC waren:
- Aufzeichnungen und historische Daten zu sammeln, die auf die Herkunft der Appaloosa-Pferde schließen ließen,
- Abstammungsnachweise und Registrierungspapiere für solche Pferde auszustellen, die als neuer Grundstock für die Rasse geeignet erschienen,
- einen Standard auszuarbeiten für die Rasse der gefleckten Pferde, die im Nord-Westen als Appaloosas galten.

Die Registratur befand sich auf Claude Thompson's Ranch in Moro, Oregon, von wo aus sie 10 volle Jahre lang bearbeitet wurde. Die Unruhen des 2. Weltkrieges erschwerten die Aufbauarbeiten für die Appaloosarasse. In den ersten drei Jahren verzeichnete der Club nur 55 Mitglieder, und 113 Pferde wurden aufgelistet, wovon ungefähr die Hälfte Claude selbst gehörte. Obwohl es so aussah, als würde der Club auf dem Status quo stehenbleiben, weigerte sich Claude hartnäckig, aufzugeben und wartete das Ende des Krieges ab. Mit der Registrierung ging es in diesen Jahren nur sehr langsam voran. Claude Thompson war bereits 61

Durch seinen unermüdlichen Einsatz gelang es Claude Thompsen aus Oregon, die Appaloosa-Rasse vor dem Aussterben zu bewahren.

Jahre alt und erkannte, daß er zu seiner Unterstützung einen jüngeren Mann brauchte.

Es mußte ein besonders fähiger Mann sein, denn vor ihm lag eine große Aufgabe, die es zu bewältigen galt.

Im Sommer 1946 besuchte George Hatley Claude's Ranch, um mit ihm über Appaloosas zu sprechen. George war 22 Jahre alt und hatte gerade seine Zeit bei der Navy absolviert. 1941 hatte er sich einen wunderbaren Hengst gekauft, Toby II, und war in den Club eingetreten. Seitdem war es sein Wunsch, der Appaloosa-Rasse zum Aufstieg zu verhelfen. Mit dem Scharfsinn eines alten Pferdefachmanns hörte Claude sich an, was der junge Mann ihm zu erzählen hatte. George war im Palouse Country (Heimat der Nez Perce-Indianer) im Staate Washington aufgewachsen, und seine Familie züchtete seit vielen Jahren Appaloosas. Sein Großonkel hatte drei Appaloosa-Pferde auf der Nez-Perce-Auktion gekauft und mit nach Hause gebracht. George's guter Sachverstand hinsichtlich der Rasse und ihrer Probleme erweckte in dem Rancher Interesse. Da war nun jemand, den er fördern konnte und der ihm beim Aufbau tatkräftig helfen würde. Aus einer spontanen Reaktion heraus gab Claude ihm einige Briefe zum Beantworten und machte ihn dann zum Assistenten des Clubs.

Mehr oder weniger durch Zufall begann George Hatley damit seine Laufbahn in eine ungewisse Appaloosa-Zukunft. Ein Jahr später, 1947, wurde George Hatley Executive Secretary des ApHC, eine Position, die er bis 1978 ausübte. Nicht zuletzt seinem Einsatz ist der enorme Aufschwung der Appaloosa-Rasse zu verdanken.

Claude Thompson zog sich aus der Vereinsarbeit zurück. Seine Position als Präsident des Vereins wurde von Francis Haines übernommen. Die Geschäftsstelle wurde nach Moscow, Idaho verlegt, in die Nähe des Nez Perce Country's.

Sofort nach dem Umzug begann man an der ersten Ausgabe des Stutbuches zu arbeiten, das 1948 veröffentlicht wurde.

Den größten Auftrieb jedoch brachte eine Show, die am 20. Juni 1948 in Lewiston, Idaho, für alle Appaloosa-Pferde abgehalten wurde. Diese war die erste der jährlich stattfindenden National-Shows und der Auftakt für alle weiteren, die immer in einer anderen Stadt der gesamten USA abgehalten werden.

Die erste Show dauerte nur einen Tag. Heute ist die National-Show ein Ereignis, das sich über eine ganze Woche erstreckt. Appaloosas aus jeder Gegend des Landes kämpfen um eine Plazierung in den „Halter"- und in mehr als einem Dutzend von „Performance"-Klassen. Die Wettbewerbe beginnen morgens um 8.00 Uhr und enden nachts um 24.00 Uhr. Über tausend Pferde und Abertausende von interessierten Zuschauern erfordern einen Aufwand und eine enorme Organisation, die von der Größe her mit keiner Rasse-Veranstaltung hierzulande vergleichbar ist.

Ein gigantischer Sprung von einem kleinen Club, der alle seine wichtigen Papiere in einem Pappkarton aufbewahrte, zu einer Organisation mit ca. 338.000 registrierten Appaloosapferden und ca. 22.000 Mitgliedern zum Jahresende 1980, hat inzwischen stattgefunden.

Die Appaloosa-Rasse ist zur drittgrößten Rasse der Welt geworden. Unser Dank und alle Hochachtung gehören Claude Thompson, einem Pferdefachmann, der mit unermüdlichem Einsatz das fast Unmögliche vollbrachte und eine so wunderbare Pferderasse vor dem Aussterben bewahrte.

APPALOOSA HORSE CLUB, Inc.
Jährliche Registrierungen

Die Entwicklung des ApHC läßt sich am besten anhand der jährlichen Neueintragungen verdeutlichen.

Jahr	Anzahl	Jahr	Anzahl
1940	21	1961	7.343
1941	24	1962	10.462
1942	30	1963	11.294
1943	15	1964	12.050
1944	26	1965	11.653
1945	174	1966	12.700
1946	65	1967	14.911
1947	62	1968	12.389
1948	296	1969	14.112
1949	612	1970	28.700
1950	103	1971	18.008
1951	88	1972	17.386
1952	168	1973	20.357
1953	171	1974	20.361
1954	251	1975	20.175
1955	365	1976	20.471
1956	666	1977	19.316
1957	1.147	1978	17.767
1958	1.753	1979	27.992
1959	2.780	1980	25.384
1960	4.052		

Bis zum Jahresende 1980 wurden ca. 338.000 Pferde beim Appaloosa Horse Club registriert.

2. Die Registratur

1950 konnte ein weiterer Erfolg verzeichnet werden. Der Appaloosa wurde in den United States als eigenständige Rasse anerkannt.

Mit zunehmendem Umfang mußte die Registratur ausgebaut werden. Die Foundation Registration, d.h. das Stutbuch für den Grundstock der Rasse, wurde 1949 geschlossen. Es wurden fünf Klassifizierungen vorgenommen. Die Papiere unterschieden sich nach Farben und waren mit Buchstaben gekennzeichnet.

Foundation Registration

Der Grundstock, 4932 Appaloosas, ist dort erfaßt. Die Nummern sind mit einem F gekennzeichnet. Nur noch Pferde mit kompletter Foundation-Abstammung oder einem Elternteil mit F-Abstammung und dem anderen mit Araber-Abstammung bekamen nach 1949 F-Registrier-Nummern. Vorher wurde jeder qualitativ hochwertige Appaloosa akzeptiert.

Tentative Registration (Orange)

Die Numerierung, versehen mit einem T, beginnt 1949. Akzeptiert wurden Pferde:

1. mit unbekannter Abstammung aus nichtregistrierten Appaloosa-Eltern;
2. mit einem registrierten Elternteil aus einer für Appaloosas zugelassenen Rasse;
3. Appaloosas, deren beider Elternteile in der Tentative Registratur erfaßt waren.

Seit Januar 1962 wurden alle Appaloosas mit unbekannter Abstammung besichtigt, bevor sie eine T-Nummer bekamen. Im Januar 1972 wurde für Appaloosa-Fohlen unbekannter Abstammung die „Hardship Clause" (Erklärung folgt) eingeführt.

Ein Hengst mit Tentative-Papieren kann durch Produktion von 12 registrierfähigen Fohlen und eine Stute durch Produktion von 3 registrierfähigen Fohlen in die ‚Permanent Registration' aufgenommen werden. Jeder T-registrierte Hengst bekommt nach der Kastration automatisch eine P-Nummer.

Amerikanisches Registrier-Papier (Tantative)

P e r m a n e n t   R e g i s t r a t i o n   (B l a u)

Registrierung ohne Buchstaben. Registrierfähig sind hier alle Pferde aus Permanent- und/oder Foundation-Eltern. Wallache und sterilisierte Stuten werden automatisch dort aufgenommen. Wie bereits vermerkt, können Tentative Hengste und Stuten sich durch entsprechende Nachzucht für die ‚Permanent Registration' qualifizieren.

Breeding Stock Only (Rosa)

Pferde aus Permanent oder Tentative registrierten Eltern. Sie besitzen die Appaloosa-Charakteristika (weiß umrandete Pupille, gefleckte Haut gestreifte Hufe), haben jedoch keine Fellzeichnung. Zu Shows und Rennen sind Pferde ohne Fellzeichnung nicht zugelassen, jedoch zur Zucht. Tritt im Laufe der Entwicklung eine sichtbare Fellzeichnung auf, so erhalten diese Pferde die regulären Papiere ihrer Kategorie und sind somit auch zu Rennen und Shows zugelassen.

Identification-System (Weiß)

Durch die Buchstaben ID gekennzeichnet. Nicht-Appaloosas, die im Zuchtprogramm Verwendung fanden, sowie Appaloosas ohne die charakteristischen Merkmale. Dieses System wurde 1974 durch das „Pedigree Certificate" (PC-System) abgelöst, wobei eine klare Differenzierung zwischen „Nicht-Appaloosas", z. B. ½ Vollblut und ½ Quarter Horse (weißes Papier), und Appaloosas ohne Merkmale (lohfarbenes Papier) vorgenommen wurde. Seit 1980 wurde auch das PC-System nicht fortgeführt.

„Hardship Clause"

Jeder gute Appaloosa mit sichtbarer Fellzeichnung und gutem Exterieur, jedoch ohne bekannte Abstammung kann über ‚Hardship Clause' registriert werden. Die Gebühr hierfür ist hoch, und das Pferd muß sich einer strengen Inspektion unterziehen, bevor es eine Tentative-Registrierung erhält.

Alle Abteilungen der Registrierung (Permanent, Tentative und Foundation) werden auf Shows und Rennen gleichwertig beurteilt. In den vergangenen Jahren konnte nicht nachgewiesen werden, daß Permanent- oder Foundation-Pferde mehr farbige Fohlen bringen. Aus diesem Grund kann auch für den Zuchtwert eines dieser Pferde kein Unterschied gemacht werden.

Im Laufe der Jahre wurden ständig Verfeinerungen und Umänderungen in den Registrierbestimmungen vorgenommen. Am Grundgefüge hat sich jedoch nicht viel geändert. Seit 1979 werden sämtliche Papiere aus computertechnischen Gründen nur noch in einer Farbe (braun) ausgestellt.

Neben der Reinzucht ,Appaloosa mit Appaloosa' werden in Amerika Kreuzungen mit nachfolgenden Rassen akzeptiert:

1. American Quarter Horse
2. Araber
3. Vollblut
4. American Saddle Horse
5. Morgan Horse
6. U.S. Trotting Horse (Standardbred)

Für uns in Deutschland wäre es wünschenswert, daß man sich zumindest in den ersten Jahren während des Aufbaus der Rasse auf die erste Möglichkeit beschränkt. Bevor wir irgendwelche Kreuzungen eingehen, sollte der Grundstock an reinrassigen Appaloosas groß genug sein.

Kreuzungen mit Pintos, Paints oder Kaltblut und Ponies sind in keinem Falle akzeptabel.

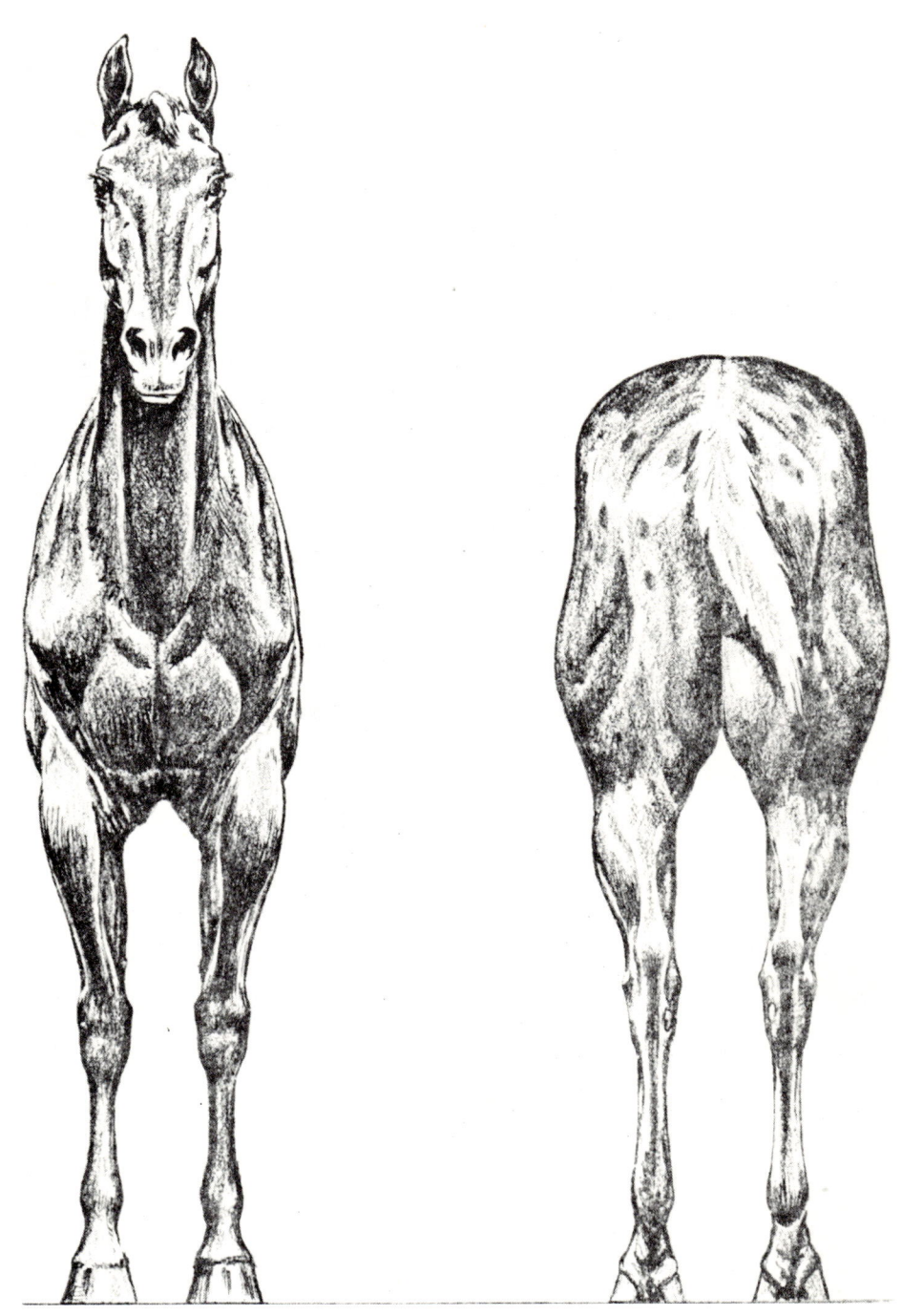

Appaloosa-Modellpferd

III. KAPITEL
Die Appaloosa-Rasse

1. Exterieur

Als Standardgröße des Appaloosas wird in Amerika ein Maß zwischen 14.2 und 16.0 hands angegeben. Dies entspricht einem Stockmaß von 147 cm – 162 cm (1 hand = 4 inches = 10,16 cm). Die Mindestgröße für einen ausgewachsenen Appaloosa beträgt 14 hands (142 cm). Nach oben hin ist keine feste Grenze vorgeschrieben, solange die Proportionen des Pferdes stimmen.

In Deutschland ist eine Größe von mindestens 148 cm wünschenswert, damit die Appaloosas als Großpferde eingetragen werden können. Außerdem zeichnete sich auch in Amerika in den letzten Jahren deutlich ein Trend zur Zucht größerer Pferde ab.

Bei einem Stockmaß über 165 cm würde nach Meinung deutscher Züchter das Appaloosapferd an Handlichkeit und Wendigkeit verlieren.

Das Gewicht wird in den Registrierbestimmungen angegeben mit 950 – 1250 pound (1 pound = 0,453 kg), also 430 – 566 kg. Natürlich sollte auch das Gewicht im Verhältnis zur Größe und zum Rahmen des Pferdes passen.

Keinesfalls soll ein Appaloosa irgendwelche Merkmale tragen, die auf Ponies, Kaltblut, Pinto/Paint oder Albino deuten.

Die gefleckten Pferde der Nez Perce galten als schnelle, handliche Tiere mit großer Ausdauer und athletischem Gebäude.

Heute würde man den idealen Appaloosa-Typ als gutausgewogenes Quadratpferd beschreiben. Der Appaloosa soll symmetrisch gebaut und gut bemuskelt sein. Der Kopf soll edel sein mit gerader Nasenlinie, mittelgroßen Ohren, weit auseinanderliegenden klaren Augen. Der Kopf ist im Winkel von ca. 45 Grad am Hals angesetzt und besitzt viel Ganaschenfreiheit. Der Hals soll nicht zu massig sein und korrekt angesetzt, die Schulter lang, schräg und gut bemuskelt. Der Widerrist ist nicht zu hoch aber gut ausgeprägt, der Rücken relativ kurz mit schräg abfallender Kruppe, der Rumpf tief und die Unterlinie lang. Die Röhren sind kurz und stehen senkrecht, die Fesseln schräg.

Der Gang des Appaloosas soll ausgeglichen, weich und leichtfüßig aussehen, nicht unstet.

Diese Beschreibung ist relativ allgemein gehalten, denn da die Rasse so vielseitig ist, gibt es verschiedene Typen, die sich entsprechend ihrem Verwendungszweck natürlich unterscheiden. Es leuchtet jedem ein, daß sich ein Rennpferd in einigen Punkten von einem Arbeits-(Ranch-) pferd unterscheiden muß. Jedoch erkennt man jeden Appaloosa an seinen Charakteristika.

Appaloosa-Modellpferd

2. Rasse-Merkmale

Viele Appaloosabesitzer quälen sich mit typischen Fragen und Fehlvorstellungen.

Zwei der häufigsten sind:

„Stellt der Appaloosa eine Rasse dar, oder ist er nur eine Farbzucht?"
Die andere:

„Ich dachte immer, alle wirklichen Appaloosas sind . . . . . ." (und dann beschreiben sie eine der vielen möglichen Fellzeichnungen).

Diese Punkte sollen hier geklärt werden.

Zuerst einmal: In Amerika wurde der Appaloosa 1950 als eigenständige Rasse anerkannt. Dafür sprechen sehr viel bessere Gründe als bei mancher anderen Rasse, die lediglich aufgrund eines bestimmten Typs oder der Eignung für eine bestimmte Arbeit als Rasse anerkannt ist. Ohne den Wert anderer Rassen mindern zu wollen, wird jeder Pferdekenner zugeben müssen, daß der Appaloosa definitiv physikalische Rasse-Merkmale hat und nicht nur seine Fellzeichnung oder Typenprägung und spezielle Leistungsmerkmale.

Die physikalischen Charakteristika sind für jedermann leicht erkennbar. Außerdem sind sie für das Zuchtprogramm genau so wichtig bzw. noch wichtiger als die Farbzeichnung.

Alle Appaloosas müssen zwei Charakteristika aufweisen. . . . .

1. eine weiß umrandete Pupille,
2. teilweise gefleckte Haut (nicht Fell)

Das Weiße auf dem Augapfel als Umrandung der farbigen Pupille wird häufig als ‚Menschenauge' bezeichnet, da es dem Auge einen menschlichen Ausdruck verleiht. Bei den meisten Pferden ist der gesamte sichtbare Augapfel dunkel gefärbt. Ein Appaloosa muß eine weiß umrandete Pupille haben.

Die teilweise gefleckte Haut ist das am meisten kennzeichnende physikalische Merkmal der Rasse. Diese Fleckung von rosa und schwarzer Haut ist immer im Genitalbereich sichtbar und kann an den Nüstern, Maul (Krötenmaul) und überall dort, wo die Haut nicht mit Fell bedeckt ist, zu sehen sein. (Die Hautfleckung ist nicht mit der Fellfleckung identisch. Weiße Haare können ebenso auf rosa wie auf schwarzer Haut wachsen. Im letzteren Fall scheint die schwarze Haut oftmals durch die weißen Haare hindurch.)

Weitere Charakteristika der Appaloosas sind:

Gestreifte Hufe

Der besonders harte Huf des Appaloosas ist normalerweise vertikal schwarz und weiß gestreift.

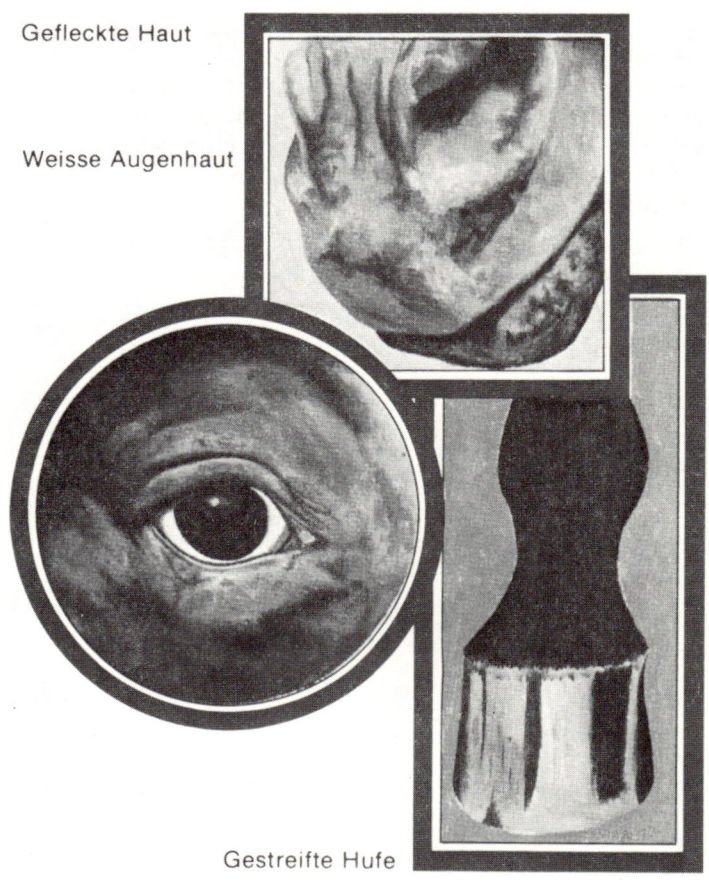

Gefleckte Haut

Weisse Augenhaut

Gestreifte Hufe

Da der Huf aus der Krone herauswächst, wird ein Pferd, das z. B. alle 4 Füße weiß hat, aller Wahrscheinlichkeit nach auch keine schwarzen Streifen auf dem Huf haben. Diese Streifen können sowohl an einem wie auch an allen vier Hufen vorhanden sein.

Dünnes Mähnen- und Schweifhaar

Nicht alle Appaloosas zeigen dieses Merkmal, jedoch neigen manche Blutlinien besonders dazu. Dieses Merkmal tritt nur teilweise auf und darf im extremen Fall (Rattenschwanz) nicht negativ beurteilt werden, obwohl es für den deutschen Geschmack sicherlich nicht vorteilhaft aussieht.

Schattenzeichnungen

Sie treten oft bei stichelhaarigen Appaloosas auf. An bestimmten Stellen treten die dunklen Fellhaare verstärkt auf, wie z. B. auf dem Nasenrücken, über den Augen (vermittelt den Eindruck von Augenbrauen), in der Gegend des Hüftknochens, hinter den Ellenbogen und im Bereich des Knies. Diese Schattenzeichnungen helfen bei der Bestimmung, ob ein Pferd als stichelhaariger (roan) Appaloosa oder schlichtweg als stichelhaariges Pferd (Nicht-Appaloosa) irgendeiner anderen Rasse einzuordnen ist.

3. Grundfarben (Base Colors) der Appaloosa-Pferde

Bei der Farb-Beschreibung eines Appaloosas wird vor der Fellzeichnung immer die Grundfarbe des Pferdes genannt. Da sie flächenmäßig nicht immer die überwiegende Farbe ist, fällt die Bestimmung der Grundfarbe manchmal nicht leicht.

Selbst wenn der gesamte Körper eines Pferdes weiß ist, so handelt es sich doch um einen Fuchs, wenn Kopf und Hals dieses Pferdes fuchsfarben sind. D.h., die korrekte Grundfarbe eines Appaloosas ist von der Kopf- und Halsfarbe her bestimmbar.

Vom Appaloosa-Horse Club werden bei der Farbbeschreibung in Registrierpapieren folgende Bezeichnungen benutzt.

BAY
(Brauner)
: Die Körperfarbe umfaßt alle Brauntöne von
gelb-braun über rot bis rot-braun;

Mähne und Schweif sowie die Beine im unteren Bereich sind schwarz.

BLACK
(Rappe)

: Schwarze Körperfarbe ohne helle Stellen; Mähne und Schweif sind schwarz.

BLUE ROAN
(Stichelhaarig)

: Eine Mischung von weißen und schwarzen Haaren; könnte auch als Blau- oder Grauschimmel bezeichnet werden.
Meistens mit Schattenzeichnungen (s. Charakteristika)

BUCKSKIN
(Falbe)

: Die Körperfarbe ist gelblich oder golden; Mähne und Schweif, gewöhnlich auch die Beine im unteren Bereich sind schwarz.
Oft mit Aalstrich.

CHESTNUT
(Fuchs)

: Die Körperfarbe reicht von hell – über tiefdunkelrot bis zu braun;
gewöhnlich haben Mähne und Schweif die gleiche Farbe wie der Körper, können aber auch etwas heller oder durch einzelne schwarze Schutzhaare dunkler aussehen, jedoch niemals schwarz.

**DARK BAY or
BROWN**
(Dunkel- oder
Schwarzbrauner)

Die Körperfarbe ist dunkelbraun oder schwarz
: mit helleren Stellen um Nüstern, Augen, Flanken und an der inneren Beinseite in der Kniegegend; Mähne und Schweif sind schwarz.

DUN

: Die Körperfarbe ist gelblich oder golden; (wie Buckskin). Mähne und Schweif haben gewöhnlich die gleiche Farbe wie der Körper, können aber auch mit braunem oder rotem Haar gemischt sein.
Oft mit Aalstrich.

| GREY | : Mischung von weißen und dunklen Haaren. Gewöhnlich werden diese Pferde dunkelfarbig geboren und werden mit zunehmendem Alter heller. |

| GRULLA | : Der Körper ist rauch- oder mausfarben (nicht eine Mischung von weißen und dunklen Haaren, sondern jedes einzelne Haar ist mausfarben). Mähne und Schweif, gewöhnlich auch die Beine im unteren Bereich sind schwarz. |

| PALOMINO | : Die Körperfarbe ist gold-gelb; Mähne und Schweif sind weiß. |

| RED ROAN (stichelhaarig) | : Eine Mischung von weißen und roten Haaren; könnte auch als Rotschimmel bezeichnet werden. Meistens mit Schattenzeichnungen (s. Charakteristika) |

| WHITE | : Von Geburt an schneeweiß (im Gegensatz zum Schimmel). Diese Pferde haben rosa Haut und normalerweise braune Augen. |

Man hört unter Pferdeleuten weitere Farbbezeichnungen wie SORREL oder STRAWBERRY ROAN usw. Sie bezeichnen die Farbe noch näher, sind jedoch den offiziellen Begriffen unterzuordnen.

4. Fellzeichnungen

Wie bei anderen Pferden, so treten auch bei Appaloosas die uns bekannten Grundfarben (Rappe, Fuchs, etc., s. Grundfarben, Seite 39–41) auf. Was die Appaloosas so einzigartig macht, sind die zusätzlichen markanten Fellzeichnungen. Bei keiner dieser Zeichnungen kann man sagen: „So muß der richtige Appaloosa aussehen", denn alle sind sie Bestandteil der Rasse. Sicherlich sind manche Farben oder Zeichnungen mehr oder weniger gefragt, aber in erster Linie hängt dies vom persönlichen Geschmack jedes Einzelnen ab.

Zur Klassifizierung und leichteren Beschreibung hat man die am häufigsten vorkommenden Fellzeichnungen in 6 Grund-Gruppierungen eingeteilt.

1. Spottet Blanket – gefleckte Decke (Schabracke)
Dunkle Grundfarbe (Vorderhand u. Beine) mit weißer Decke über Lenden und Hüften (Kruppe). Die Decke zeigt runde oder eiförmige dunkle Flecken, die in der Größe von 1/2 cm bis zu 10 cm Durchmesser variieren können. Die Decke kann gerade nur die Kruppe bedecken, sie kann sich aber auch nach vorne bis zum Widerrist ausdehnen.

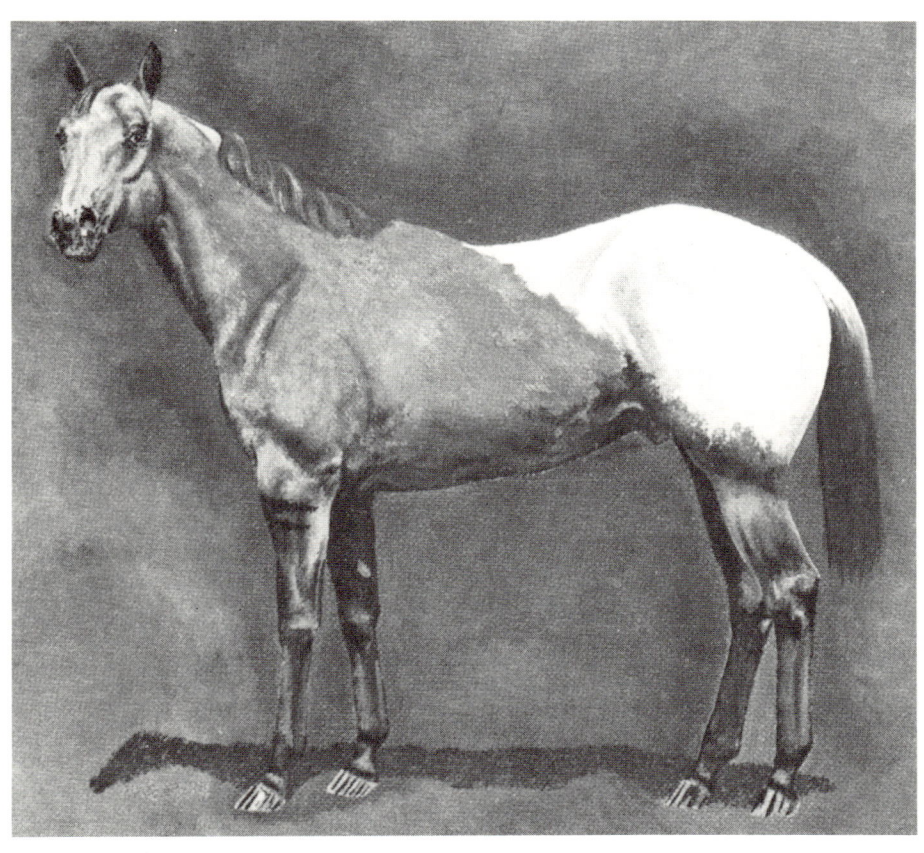

2. White Blanket – weiße Decke

Dunkle Grundfarbe mit weißer Decke, wie oben beschrieben, jedoch ohne Flecken darauf.

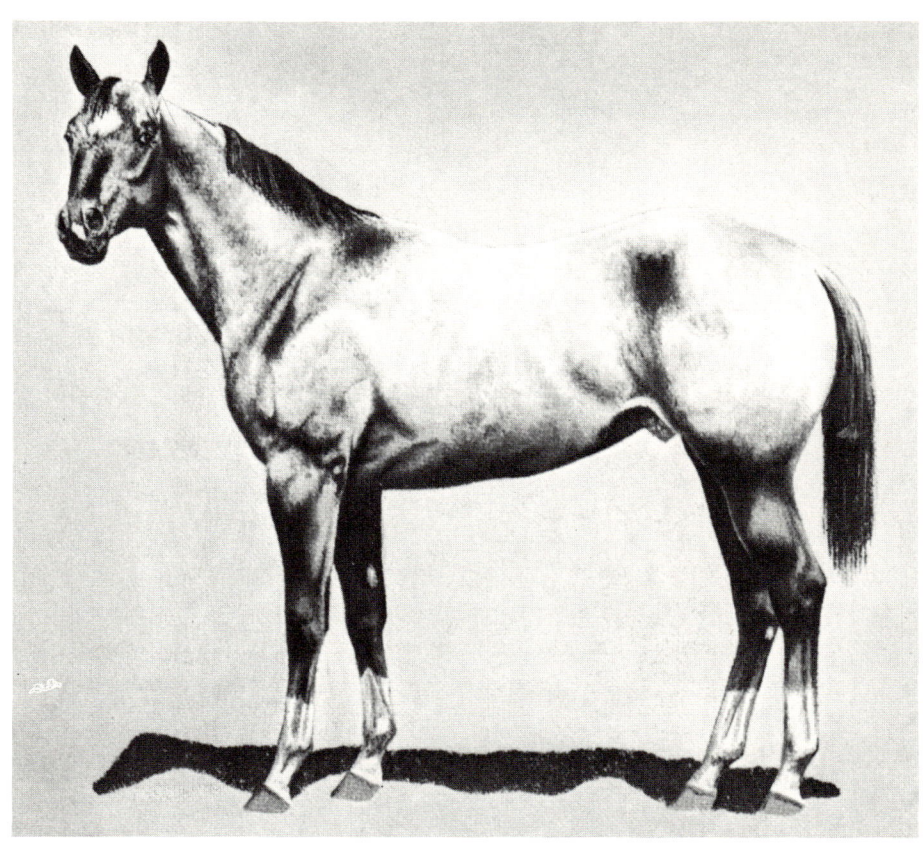

3. Marble (or Roan) —marmor- oder stichelhaarig

Grundfarben sind Rappe, Brauner oder Fuchs. Die stichelhaarige Fellfarbe ist eine der am häufigsten auftretenden Fellzeichnungen unter den Appaloosas. Je nach Dichte und Menge der dunklen Haare kann der Rappschimmel (Blauschimmel) von einer ganz hellen bis zu einer fast schwarzen Farbe vorkommen. Die dunklen Haare dürfen jedoch nicht grau sein.

Stichelhaarige Appaloosas weisen gewöhnlich Schattenzeichnungen auf (siehe Appaloosa-Merkmale). Fast immer werden diese Pferde in der Grundfarbe als Rappe, Brauner oder Fuchs geboren und hellen sich im Laufe der Entwicklung zu einem erkennbaren Appaloosa auf.

4. Leopard – Tigerschecke

Weiße Grundfarbe mit gleichmäßig verteilten dunklen Flecken am gesamten Körper, Kopf und Beinen. Ein Appaloosa mit Leopard-Fellzeichnung wird gefleckt geboren und ändert sich nicht. (Manche Appaloosas scheinen Leoparden zu sein, weil sie eine helle Vorderhand haben und evtl. Flecken auf dem Körper, aber meistens handelt es sich um „Blue-Roans" mit Flecken). Um es einfach zu sagen: der ‚wirkliche' Leopard hat die Grundfarbe ‚weiß' mit dunklen Flecken von Geburt an.

5. Snowflake – Schneeflocke

Dunkle Grundfarbe mit weißen Flecken am ganzen Körper. Der „Snowflake-Appaloosa" wird gewöhnlich in der Grundfarbe geboren und bekommt seine Flecken mit zunehmendem Alter (bis zu 3 Jahren). Die Schneeflockenzeichnung kann auch eine vorübergehende Zeichnung sein. Oftmals werden diese Pferde mit zunehmendem Alter zu ‚Roans'. Die Schneeflockenzeichnung ist dann das Mittelstadium im Umfärbungsprozeß von der dunklen Grundfarbe zum stichelhaarigen Appaloosa. Es gibt nur sehr wenige ‚wirkliche' Snowflakes. Diese Fellzeichnung ist eine Rarität unter den Appaloosas.

46

6. Frost or Spotted Hip –
Frost- oder gefleckte Kruppe

Dunkle Grundfarbe mit verschwommener, rauhreifähnlicher Zeichnung oder weißen Flecken auf der Kruppe. Diese Fellzeichnung kann entweder von Geburt an vorhanden sein oder sich im Laufe des Alterns entwickeln. Die ‚Frost'-Fellzeichnung ist unberechenbar ... sie kann eine beständige Fellzeichnung sein, kann aber auch genau wie bei den ‚Snowflakes' eine vorübergehende Fellzeichnung als Übergang von der Grundfarbe zum ‚Roan' sein.

Der Vorgang des Umfärbens spielt eine große Rolle in der Appaloosa-Zucht. Ungefähr 30% aller Appaloosas werden einfarbig geboren und sind nur durch ihre Rassemerkmale, weiß umrandete Pupille und gefleckte Haut im Genitalbereich, eindeutig als Appaloosas erkennbar. Die meisten dieser Pferde bekommen ihre Fellzeichnung später, erst als ‚Frost' oder ‚Snowflake' und im Alter von 4 oder 5 Jahren übergehend zu ‚Marble' (Roan). Dieser Prozeß wird als Umfärbung oder „roaning out" bezeichnet. Der starke „Roaning Faktor" in der Appaloosa-Rasse verursacht einen oft drastischen Wechsel der Fellzeichnung.

Ein kleiner Prozentsatz der Appaloosas wird einfarbig geboren und erhält auch im Laufe der Entwicklung keinerlei Fellzeichnung. Man bezeichnet diese als „Marginal"-Appaloosas (Randerscheinungen). Diese Pferde müßten eigentlich in eine 7. Gruppierung für Fellzeichnungen (solid-einfarbig) eingeordnet werden. Sie können als „breeding stock" registriert werden, sind in Amerika jedoch zu Shows, Ausstellungen und Rennen nicht zugelassen. Eine „Marginal"-Stute kann eine wertvolle Ergänzung zur Zuchtherde darstellen, vorausgesetzt, daß sie ein gutes Gebäude hat.

Nach sorgfältiger Auswahl des richtigen Hengstes zur Bedeckung kann eine einfarbige Appaloosa-Stute ein wunderbar gezeichnetes Fohlen werfen.

Eine einfarbige Appaloosa-Stute, die vom Exterieur nicht einwandfrei ist, sollte aus dem Zuchtprogramm gestrichen werden, denn auch Pferde der Appaloosa-Rasse werden vorrangig nach ihrem Gebäude und erst dann nach ihrer Farbzeichnung bewertet.

Wie bei den meisten Rassen kann man kaum erwarten, daß die Nachzucht besser sein wird als eines der Elternteile. Für die Zucht sollten daher nur gut gebaute Pferde mit bewährten Blutlinien benutzt werden.

Die Fellzeichnung ist in der Appaloosa-Rasse wünschenswert, aber niemals sollte sie höher als ein gutes Gebäude bewertet werden. Alles das, was einen Appaloosa vom Wesen her so liebenswert macht, ist auch in einem einfarbigen Appaloosa gegenwärtig, und zur Erfüllung seines Verwendungszweckes kann er geeigneter sein als manch ein Pferd mit farbenfroher Decke.

Die wertvollsten und begehrenswertesten Appaloosas sind diejenigen mit hervorragendem Gebäude, viel Fellzeichnung und guten Veranlagungen (Fähigkeiten).

Interessanterweise tendieren die männlichen Tiere der Appaloosa-

Rasse zu mehr Farbzeichnung als die weiblichen, so wie es auch bei manchen Vögeln und wild lebenden Tieren der Fall ist. Sicherlich gibt es da Ausnahmen, aber diese Tatsache ist offensichtlich. Ein Fohlen kann jede nur mögliche Fellzeichnung bekommen und muß nicht unbedingt die Farbe des Hengstes oder der Stute erben. Es gibt jedoch wiederum Blutlinien, die ihre Farben und Fellzeichnungen besonders stark vererben.

Ich empfinde es als lachhaft (um nicht zu sagen unkorrekt), wenn ein Hengsthalter seinen Deckhengst als 100%igen Farbvererber anpreist. Es mag so ein Phänomen evtl. hinsichtlich der Appaloosa-Farbe generell geben, kaum jedoch im Hinblick auf seine eigene Farbe. Am sichersten vererben die echten „Leopard"-Blutlinien. Wenn immer ich mir die Mühe machte, aufgrund einer solchen Deckanzeige Nachforschungen anzustellen, mußte ich feststellen, daß auch von diesem Hengst einfarbige Fohlen existierten.

Wie unterschiedlich die Fellzeichnungen ausfallen können, soll anhand der Fohlenbilder verdeutlicht werden. Alle Fohlen resultieren aus Bedeckungen von reinrassigen Appaloosa-Stuten mit demselben Hengst.

Fohlen Nr. 1   *(Foto: v. H.)*

Fohlen Nr. 2   *(Foto: v. H.)*

Fohlen Nr. 3   *(Foto: v. H.)*

Fohlen Nr. 4   (Foto: v. H.)

Fohlen Nr. 5 *(Foto: v. H.)*

	Fellzeich-nungs-		
Fohlen Nr. 1 =	Farbgr. I	= Spotted Blanket	– gefleckte Decke
Fohlen Nr. 2 =	Farbgr. II	= White Blanket	– weiße Decke
Fohlen Nr. 3 =	Farbgr. IV	= Leopard	– Tigerscheck
Fohlen Nr. 4 =	Farbgr. VI	= Spotted Hip	– gefleckte Kruppe
Fohlen Nr. 5 =	Farbgr. VII	= Marginal (solid)	– einfarbig

Fohlen Nr. 5 läßt z.Z. 3 Möglichkeiten offen:

1. es bleibt in Farbgr. VII = Marginal – einfarbig (wenn es einfarbig bleibt) – unwahrscheinl., da es die Rasmerkmale hat)

2. es kommt in Farbgr. III = Marble or Roan - stichelhaarig (sehr wahrscheinlich).

3. es kommt in Farbgr. V = Snowflake – Schneeflocke (sehr seltene Farbe).

Vorerst bekommt das Fohlen Papiere mit dem Vermerk ‚Breeding Stock Only'. Findet im Laufe seiner Entwicklung eine Umfärbung statt, so kann die Umschreibung der Papiere beantragt werden.

Manch einer wird sagen: „Dieser spezielle Hengst hat sich in seiner Fellzeichnung nicht durchgesetzt. Die Stuten waren dominierend." Um diesen Irrtum auszuräumen, nachstehende Aufstellung:

Fellzeichn. der Stute	Fellzeichn. diesj. Fohlen	Fellzeichn. vorh. Fohlen
Fohlen 1 III Roan	I Spotted Blanket	VI Spotted Hip
Fohlen 2 VI Spotted Hip	II White Blanket	VII Solid
Fohlen 3 I Spotted Blanket	IV Leopard	II White Blanket
Fohlen 4 III Marble	VI Spotted Hip	I Spotted Blanket
Fohlen 5 III Marble	VII Solid	VI Spott. Hip

Wir sehen also, daß die Fellzeichnung der Stuten in keinem Fall mit der der letzten beiden Fohlen identisch ist. Ähnlich würde eine Aufstellung der Grundfarben ausfallen.

Ausführliche Studien über Appaloosa-Farben und -Fellzeichnungen hat Robert W. Miller von der Montana State University betrieben. Das Ergebnis einer seiner Studien möchte ich nachstehend wiedergeben. Aus der Bedeckung von 3.046 Stuten (einfarbig und farbig) durch 159 Hengste (Appaloosa) resultierten 2.317 Fohlen:

> 1.608 farbige Fohlen
> 709 einfarbige Fohlen

Eine ausreichende Anzahl an Hengsten in den Grundfarben: stichelhaarig (roan), Fuchs (chestnut), braun (bay), dunkelbraun (brown) und schwarz (black)
- ermöglichte folgendes Resultat:

Bei den Fohlen von fuchsfarbenen Hengsten = 73,4% farbig
(höchster %-Satz)
Bei den Fohlen von stichelhaarigen Hengsten = 65,4% farbig
(niedrigster %-Satz)

Da bei dieser Studie die gedeckten Stuten zum Teil farbig, zum anderen Teil einfarbig waren, nimmt R.W. Miller eine Unterteilung vor. Hier ergibt sich folgendes Resultat:

1. Bei der Bedeckung von farbigen Stuten waren

bei den Fohlen von   fuchsfarbigen Hengsten   = 87,7% farbig
(höchster %-Satz)
bei den Fohlen von   braunen Hengsten   = 72,9% farbig
(niedrigster %-Satz)

2. Bei der Bedeckung von einfarbigen Stuten waren

bei den Fohlen von braunen Hengsten   = 69,3% farbig
(höchster %-Satz)
bei den Fohlen von Rapp-Hengsten   = 68,6% farbig
bei den Fohlen von fuchsfarbigen Hengsten   = 67,8% farbig
bei den Fohlen von stichelhaarig. Hengsten   = 59,7% farbig
(niedrigster %-Satz)

* Anmerkung: Der Einfachheit halber wird die typische Appaloosafellzeichnung als ,farbig' bezeichnet, die fehlende Appaloosa-Fellzeichnung als ,einfarbig'.

Im Schnitt resultieren aus farbigen Stuten ca. 14% mehr farbige Fohlen als aus einfarbigen Stuten bei Bedeckung durch Appaloosa-Hengste.

Bei keiner anderen Pferderasse ist die Genetik so schwer verständlich wie bei der Appaloosa-Rasse. Es gibt aber auch keine anderen Pferdezüchter, die ihre Fohlen mit mehr Spannung, Aufregung und Hoffnungen erwarten als die Appaloosa-Züchter.

5. Unerwünschte Kreuzungen

„C r o s s e s t h a t w i l l k i l l y o u r c o l o r"

Dieser Artikel wurde von George B. Hatley geschrieben und 1962 in der ‚Appaloosa News' veröffentlicht. Wegen seiner Wichtigkeit sollte er jedem Appaloosa-Züchter bekannt sein.

«Bei der Planung des jährlichen Zuchtprogrammes sollte sich jeder Appaloosa-Besitzer des Vorhandenseins einiger genetischer Faktoren bewußt sein.

Einer dieser Faktoren ist der ‚greying gene' (Graufaktor). Dies ist ein Erbfaktor, der zusätzlich zu den gewöhnlichen Farbgenen vorhanden sein kann. Der Graufaktor verursacht, daß anstelle der dunklen Haare weiße Haare nachwachsen und das Pferd innerhalb kurzer Zeit weiß aussieht. Kreuzt man also einen Appaloosa mit einem Grauen (Schimmel), so bekommt man möglicherweise ein Fohlen, das bei Geburt eine hervorragende Appaloosa-Fellzeichnung besitzt. Diese Fellzeichnung ist gewöhnlich sehr kurzlebig wegen des vorhandenen Graufaktors. Die Flecken wie auch die dunkle Grundfarbe weisen nach kurzer Zeit weiße Stichelhaare auf (gewöhnlich schon beim Absetzen des Fohlens).

Wenn das Fohlen zum Jährling herangewachsen ist, sehen die farbigen Stellen bereits grau aus, und mit zwei oder drei Jahren hat dieses Pferd sich fast zu einem Schimmel umgefärbt.

Der Graufaktor, der der genetischen Beschaffenheit des Pferdes durch Kreuzung mit einem Grauen (Schimmel) hinzugefügt wird, verursacht den Verlust der beeindruckenden Appaloosa-Fellzeichnung und setzt sich durch Generationen hindurch fort.

Unser Ziel ist es, Appaloosas zu züchten, die Zeit ihres Lebens wie Appaloosas aussehen. Deshalb vermeiden Sie eine Kreuzung, deren Resultat ein Pferd ist, das nur für 2 oder 3 Jahre wie ein Appaloosa aussieht und dann zum Schimmel wird.

Wenn Sie Ihr Zuchtmaterial anhand von Registrationspapieren aussuchen, dann achten Sie darauf, ob die Papiere Kreuzungen mit Grauen (Schimmeln) aufweisen. Vermeiden Sie es, solche Tiere zur Zucht zu verwenden.

Bei Zuchtauslese durch Besichtigung achten Sie auf sichtbare Hinweise auf den Graufaktor. Wenn ein Tier erst ein oder zwei Jahre alt ist und sich die dunkle Farbe grau färbt, ist es wahrscheinlich, daß es den Graufaktor in sich trägt.

Der weiße Haarring um das Auge des jungen Fohlens ist ein deutlicher Hinweis auf den ‚Graufaktor' (Foto: v. H.)

Dasselbe Pferd im Alter von 2 Jahren. Bis auf wenige Flecken hat sich das Pferd zu einem Schimmel umgefärbt. (Foto: v. H.)

Eine 9jährige ,Roan'-Stute mit Fohlen. Auch im hohen Alter bleibt eine Mischung von dunklen und weißen Haaren. (Foto: v. H.)

Der Graufaktor kann aus der Appaloosa-Rasse nur ausgemerzt werden, indem wir nicht mit grauen oder weißen Stuten züchten und es vermeiden, deren Produkte zur Zucht zu verwenden.

Ein Hengstfohlen als Resultat aus einer Kreuzung Appaloosa mit Grauem (Schimmel) sollte in jedem Falle gelegt werden.

Eine weitere Kreuzung, die der kontrastreichen Appaloosa-Zeichnung entgegenwirkt, ist die mit stichelhaarigen Pferden ohne typische Appaloosa-Merkmale und -Zeichnungen. Das Resultat sind stichelhaarige Fohlen mit sehr wenig oder gar keiner Fellzeichnung.

Ein anderer genetischer Faktor ist der sogenannte Verwässerungs- oder Aufhellungsfaktor. Er verursacht helle Farben wie Falben, Palominos und Albinos. Kreuzungen mit Falben, Palominos und Albinos bringen den Aufhellungsfaktor in Appaloosa-Pferde. Die dunklen Pigmente werden aufgehellt, so daß nur wenig oder gar kein Kontrast zwischen der weißen und der dunklen Fellfarbe zurückbleibt.

58

Da es das Ziel eines jeden ernsthaften Züchters ist, Appaloosas mit kontrastreichen, dauerhaften Farben zu züchten, sollten Kreuzungen mit Albinos, Schimmelstuten, Grauen, Stichelhaarigen ohne Schattenzeichnungen (Nicht-Appaloosas), Cremellos, Palominos und Falben in jedem Falle unterbunden werden. Kreuzungen mit Paints oder Pintos sind genauso unerwünscht.

Bei Appaloosa-Kreuzungen mit einfarbigen Pferden bevorzugen Sie die dunklen Farben und vermeiden Sie die hellen.»

Dieser Artikel hat in Amerika heiße Diskussionen ausgelöst. Eine präzise Definition der Grenzfälle zum extremen „Roaning" konnte ich nicht feststellen. Zur Erläuterung möchte ich hinzufügen, daß der Graufaktor bei uns als Schimmelfaktor bezeichnet werden kann und die kurzfristige und radikale Umfärbung der dunklen Farbregionen umfaßt. Ein gewisser ‚Roaning'-Prozeß mit zunehmendem Alter ist als normal anzusehen.

In Deutschland gezogener Junghengst „Captain Moonraker"

60

6. Warum erfreut sich der Appaloosa so großer Beliebtheit?

Der Appaloosa-Horse Club in Moscow, Idaho, USA, verzeichnete Ende 1980 ca. 338.000 registrierte Appaloosa-Pferde. Der eigentliche Boom in der Registrierung kam 1970 mit der Eintragung von 28.700 Appaloosas, und in den darauf folgenden 10 Jahren bis einschließlich 1980 wurden jährlich im Schnitt 20.600 Neueintragungen verzeichnet.

Diese enorme Aufwärtsentwicklung besonders in den letzten Jahren läßt darauf schließen, daß die Rasse den modernen Ansprüchen gerecht wird und sich größter Beliebtheit erfreut. Somit ist es nicht verwunderlich, daß sie nicht auf die Vereinigten Staaten beschränkt blieb. Begeisterte Pferdeliebhaber, die die Vorzüge der Appaloosas erkannten, haben weder Quarantäne- und Transportschwierigkeiten, noch Kosten gescheut, um Appaloosa-Pferde in andere Erdteile zu bringen.

Es wurden Zuchtverbände gegründet in Kanada, Mexiko, Australien, Neuseeland, England und Belgien.

Vor wenigen Jahren wurde erstmals eine kleinere Anzahl Pferde dieser Rasse, die bis dahin in Deutschland fast unbekannt war, hier eingeflogen. In erstaunlich kurzer Zeit eroberte sich dieses genügsame und besonders vielseitige Pferd mit seiner attraktiven Fellzeichnung und seinem besonders gutartigen Wesen auch bei uns die Herzen vieler reitbegeisterter Familien.

Das „Appaloosa-Pferdestammbuch Deutschland e.V.", das erst Ende 1978 gegründet wurde, konnte in den ersten 2 Jahren seiner Tätigkeit bis Ende 1980 bereits die Vor-Registrierung von 118 reinrassigen Appaloosa-Pferden vornehmen und hatte nach vorsichtigen Schätzungen ca. 50 Pferde noch nicht erfaßt. Blickt man zurück auf die ersten Jahre der amerikanischen Registrierung und berücksichtigt, daß alle unsere Appaloosas erst über den großen Teich gebracht werden mußten, so ist diese Anzahl bei uns in Deutschland schon beachtlich.

Welche Gründe stehen hinter der enormen Aufwärtsentwicklung dieser Rasse?

Es gibt viele Gründe dafür, aber die wichtigsten sind die für einen Appaloosa so typischen positiven Charaktereigenschaften wie sein besonders gutartiges Wesen, seine vielseitige Begabung und sein Leistungswille.

Die Mutterstuten des Gestüts zu Lipizza im Jahre 1727.
Gemälde von George Hamilton.

Blicken wir einmal zurück: Seit eh und je waren gefleckte Pferde wegen ihrer Leistungsbereitschaft beliebt. Es ist Jahrhunderte her, daß die Asiaten die „gefleckten Pferde" als Kriegspferde nutzten und priesen, weil sie widerstandsfähig, schnell und ausdauernd waren. Ähnlich war es mit den Nez Perce-Indianern. Sie waren hervorragende Pferdezüchter und bevorzugten den Appaloosa als Kriegspferd. Außerdem brauchten sie für ihre Gebirgswanderungen und für die Jagd ein Pferd, das hart und widerstandsfähig war, das den klimatischen Härten trotzte, aber gleichzeitig leichttrittig, ruhig und feinfühlig genug für eine Ausbildung als Reitpferd war. Das Pferd der Nez Perce mußte schnell sein, denn schließlich mußten sie mit ihm ihr täglich Brot, den Büffel, einholen und zur damaligen Zeit noch ohne Gewehr erlegen.

Mit zunehmender Besiedlung des amerikanischen Westens entdeckten Viehzüchter und Cowboys den Appaloosa. Sie waren überzeugt, daß es für ihre Arbeit, für das Treiben und Einfangen von Rindern sowie für die täglichen Rancharbeiten neben dem für sie damals bekannteren Quarter-Horse kein besseres Pferd gäbe als den Appaloosa, weil er schnell genug war, um im Sprint blitzartig bei dem entwichenen Rind zu sein, und wendig genug, um ein Ausbrechen der Rinder zu verhindern. Seine besonders harten Hufe und seine Trittsicherheit ermöglichten das Durchqueren unwegsamen Geländes und ausgetrockneter, steiniger Flußbetten.

Doch wie sieht es heute aus? Die Zeiten der Kriegspferde sind vorbei, und wir wollen in Deutschland keine Rinder treiben. Zumindest ist die Prozentzahl der Western-Fans, die sich im Rindertreiben üben möchten, verschwindend klein. Immer noch oder gerade heute ist der Appaloosa in Amerika ein beliebtes Arbeitspferd für alle Rancharbeiten. Aber die Leistungsbereitschaft der Appaloosas läßt sich auch in unserem Land und in unserer Zeit vielseitig nutzen und trägt erheblich zu seiner Popularität bei.

Show-Horse : Auf amerikanischen Shows stellt der Appaloosa seine Leistung in zahlreichen Wettbewerben, auf die ich später ausführlicher zurückkommen werde, unter Beweis. Diese Western-Turniere stecken bei uns noch in den Anfängen, erfreuen sich aber großer Beliebtheit und werden immer häufiger veranstaltet. Für diese Wettbewerbe ist das Appaloosapferd geradezu prädestiniert.

Rennen : Der Appaloosa auf der Rennbahn beweist Schnelligkeit, Spurtvermögen, Ausdauer und Härte und stellt damit eine qualitative Auslese dar.

Appaloosa-Pferde auf der Rennbahn (*Foto: ApHC*)

Wander- und
Distanzreiten : Hierzu eignet sich der Appaloosa besonders gut wegen seiner Ausdauer und Zähigkeit.

Freizeit-
Reiterei : Der Freizeitreiter könnte sich kein idealeres Pferd wünschen. Der Appaloosa ist leichttrittig, besonders weich auszusitzen, nervenstark und von ausgeglichenem ruhigen Wesen, zeigt

jedoch, wenn er gefordert wird, viel Temperament. Aber vor allen Dingen ist er einfach und kostensparend zu halten. Die Robusthaltung bekommt dem Appaloosa gut. Er ist nicht anfällig für Krankheiten, und nur in den seltensten Fällen benötigt er trotz regelmäßiger Beanspruchung Hufeisen.

Der Appaloosa als ideales Freizeitpferd *(Foto: v. H.)*

Jagd-Reiterei : Seine Ruhe und Nervenstärke machen ihn zu einem sicheren Jagdpferd. Wenn andere Pferde vor Nervosität schwitzen, bleibt selbst der junge unerfahrene Appaloosa ausgeglichen und trocken. Und wenn alle Pferde davonstürmen, so kann man ihn immer noch leicht halten und im ruhigen Kantergalopp reiten. Der Appaloosa ist nicht an den Westernsattel gebunden. Genauso gut kann man ihn mit unseren deutschen Sätteln reiten und mit ihm über Hindernisse gehen.

Appaloosa-Pferde für die Jagd-Reiterei (Foto: B. Ruhland)

Der Appaloosa ist ein gutmütiges Kinder- und Familienpferd. Kinder-Kostümklasse auf Gestüt Bernsen (Foto: H. Winand)

Polo

P o l o : Appaloosa-Pferde sind wendig, schnell und hart auf den Beinen.

F a h r e n : Aufgrund ihrer Nervenstärke sind Appaloosas besonders straßensicher, und da sie sehr gelehrig sind, eignen sie sich gut zum Einspannen.

Kinder-und Jugend-Reiten	: Seine Gutartigkeit und sein angenehmer, ruhiger Charakter machen den Appaloosa zu einem besonders liebenswerten Kinder- und Jugendpferd. Außerdem hat er für Kinder eine handliche Größe und kommt auch wegen seiner schönen Fellzeichnungen besonders gut an. Im Umgang mit Appaloosa-Pferden verlieren die Kinder evtl. Angst und bekommen Selbstvertrauen.
Voltigieren	: Alle Anforderungen, die an ein gutes Voltigierpferd gestellt werden, finden wir im Appaloosa. Er ist nicht zu groß, hat einen guten Charakter, viel Ausdauer, einen gut bemuskelten Rücken, ist trittsicher, und Beinprobleme kennt er kaum.
Therapeutisches Reiten	: Das ruhige Wesen und die handliche Größe des Appaloosas geben dem Patienten Vertrauen. Hinzu kommt die Leichttrittigkeit und der besonders weich auszusitzende Trab.
Dressur und Springen	: Auch für den Dressur- und Springsport können Appaloosas eingesetzt werden. Daß dies so wenig bekannt ist, liegt nicht an ihrer mangelnden Begabung, sondern allein daran, daß man im Ursprungsland mit der Western-Reitweise vertrauter ist und selbst nur begrenzte Erfahrung in unserer Reitweise hat, somit also keine spezielle Zuchtauslese für diesen Sportzweig getroffen hat. Ein Fachmann kann unter den Appaloosa-Pferden ohne weiteres begabte Dressur- oder Springpferde finden. Ein Beweis dafür ist das Appaloosa-Pferd „Freckles Joe Bandit", das der amerikanischen Olympia-Dressurequipe angehörte.

68

Amerikanische Pferde-Fachleute behaupten: „If a horse can do it, you can be sure an Appaloosa has done ist . . . and well"

Wir sehen also, die gleichen Begabungen, die am Appaloosa der alten Zeiten so gerühmt wurden, machen ihn heute in seiner neuen Rolle beliebt. Viele seiner Qualitäten sind schwierig zu messen oder zu richten: Gutartigkeit, Lernbereitschaft, Mut, Behendigkeit, Leichttrittigkeit, Widerstandsfähigkeit und kostensparende Haltung.

Auf Horse-Shows oder Turnieren kann sich die Bewertung eines Pferdes nur begrenzen auf das, was die Richter sehen, vergleichen oder messen können.

H a l t e r - P r ü f u n g e n beschränken sich auf die Bewertung des Exterieurs, Typ, Gangwerk und Gesamteindruck.

P e r f o r m a n c e - K l a s s e n entscheiden sich ausschließlich durch Fehlerfreiheit und Leistung, beeinflußbar durch den Reiter.

Im R e n n e n entscheidet allein die Geschwindigkeit, und sie ist leicht meßbar.

Exterieurprüfungen, Wettbewerbe und Rennen sind notwendig, um die Qualität einer Rasse oder des einzelnen Pferdes schlechthin zu erhalten und zu verbessern. Deshalb kann ich es nur gutheißen, die Vorhaben der EWU (Europäische Westernpferde u. -reiter-Union e.V.), die sich mit sportlichen Belangen der Western-Reitweise befaßt und Wettbewerbe organisiert, zu fördern, damit ein Qualitätsbegriff bei uns in Deutschland geprägt und aufrechterhalten wird. Das Appaloosa-Pferde-Stammbuch Deutschland e.V. hat 1981 erstmals eine Fohlenprämiierung auf Bundesebene organisiert, damit auch züchterisch eine Auslese der Qualität und nicht nur der hübschen Fellzeichnungen getroffen wird.

Viele Appaloosas werden niemals ein Schleifchen gewinnen, und doch haben sie die wertvollen, liebenswerten Vorzüge, die so schwer abschätzbar oder meßbar sind und ihre Besitzer glücklich und zufrieden machen.

Amerikas bekannter Dressur-Trainer Chuck Grant auf ‚Billie Joe Freckles'.
(Foto: ApHC)

IV. KAPITEL
Appaloosa-Shows

Wer etwas Schönes besitzt, möchte es gerne anderen zeigen. In den USA beanspruchen die Horse-Shows einen großen Teil der Freizeit von Appaloosa-Besitzern, -Züchtern und -Trainern.

Fast jedes Wochenende heißt es, die Pferde sorgfältig striegeln und schniegeln, verladen und auf zur Horse-Show. Mit Kind und Kegel, ja, auch der Hund darf nicht fehlen, geht es los. Weite Entfernungen werden nicht gescheut. Man ist darauf eingestellt. Schließlich dauert die Show nicht nur einen Nachmittag, sondern zieht sich über das ganze Wochenende. Geschlafen wird im Pferdehänger. In die meisten Pferdehänger ist eine komfortable Schlafkabine mit mehreren Schlafmöglichkeiten eingebaut. Wer gehobene Ansprüche stellt, zieht in ein Motel.

Auf den Horse-Shows spielt sich das Gesellschaftsleben der Pferdeleute ab. Man trifft sich wieder und hat sich viel zu erzählen über kleine Probleme in den Regional-Clubs oder einfach über die lieben Vierbeiner. Es herrscht eine angenehme Atmosphäre. Schließlich haben alle das gleiche Steckenpferd, egal ob Profi oder Anhänger, für Arroganz und Überheblichkeit, wie man sie bei uns leider allzuoft antrifft, ist auf einer Horse-Show kein Platz. Jeder fängt mal an, und wer nichts gewinnt, braucht nicht vor Scham zu vergehen.

Jeder Staat der USA hat mehrere ‚Regional Clubs' (insgesamt über 150 Regional Clubs), und jeder Club veranstaltet Appaloosa-Shows. (Außerdem gibt es ‚Offene Shows', auf denen alle Rassen starten können).

Auf den Shows können sich Reiter und Pferd qualifizieren und die notwendigen Punkte sammeln, um evtl. an den ‚World Play-Offs' teilnehmen zu dürfen. Besonders wichtig sind sie für jeden, der das Geschäft kommerziell betreibt. Ob Trainer oder Züchter, man verkauft sich und seine Pferde besser mit entsprechenden Show-Ergebnissen.

Einmal im Jahr veranstaltet der ApHC, Moscow, Idaho, die ‚National Show', eine Veranstaltung, die sich über eine ganze Woche erstreckt.

Es werden alle ‚Halter-Classes' und ca. 20 ‚Performance-Classes' gezeigt, und es ist nicht ungewöhnlich, daß in einer Klasse über 60 Teilnehmer starten. Jeder registrierte Appaloosa (kein ‚Marginal' = Erklärung Seite 48) kann teilnehmen, aber da die Konkurrenz so groß ist und die Entfernungen so weit, werden natürlich nur erfolgversprechende Pferde dort vorgestellt. Ein Sieg auf der ‚National Show' ist eine große Auszeichnung.

Am Ende der Showsaison, im Oktober oder November, findet die Elite-Show ‚The World Championship Playoffs' statt. Jeder Regional Club kann seine ‚High-Point-Horses' (Sieger der Show Saison nach Punktesystem) der einzelnen Klassen dorthin senden. In jeder Klasse, in der ein Pferd starten soll, muß es sich entweder auf Regionalshows oder auf der Nationalshow qualifiziert haben. Um den Titel ‚Performance World Champion' zu bekommen, muß ein Pferd in mindestens zwei Perfomance-Klassen auf der ‚World-Show' starten und die höchste Gesamt-Punktzahl erreichen. Ist ein Pferd in einer Klasse siegreich, so ist es ‚World Champion' dieser Klasse.

Die höchste Wertung für ein Halter-Pferd ist der Titel ‚National Grand Champion'. Dieser ist nicht zu überbieten. Aber auch ein 1. Platz in einer der Altersgruppen ist eine große Auszeichnung.

1. Halter Classes

Hengste, Stuten und Wallache werden nach Geschlecht getrennt in je 5 unterschiedlichen Altersgruppen bewertet.

    1. Fohlen des laufenden Jahres
    2. Jährlinge
    3. 2jährige
    4. 3jährige
    5. 4jährige und ältere Pferde

Die Appaloosa-Pferde werden am Halfter vorgeführt und in einer Linie vor dem Richter aufgestellt. Jedes Pferd wird einzeln im Stand beurteilt. Es soll weder offen noch gestreckt hingestellt werden, sondern geschlossen, alle 4 Beine gleichmäßig belastend. Das Pferd darf nur von einer Person vorgeführt werden. Die Benutzung einer Gerte oder Peitsche ist nicht zulässig. Pferde mit schlechten Manieren können disqualifiziert werden. Danach werden sie im Schritt und Trab vorgeführt.

Hauptsächliches Gewicht wird auf Gebäude, Stellung, Typ, Aktion, Gesundheit und gutes Benehmen gelegt. Vererbbare Mängel sowie alle sichtbaren gesundheitlichen Mängel fallen bei der Bewertung stark ins Gewicht. Zu den sichtbaren Mängeln gehört außer Knochenauftreibungen, Überbeinen, Spat, Gallen usw. das ‚Parrot Mouth' = der Überbiß. Kryptorchide Hengste * werden als mangelhaft bewertet (*ein oder zwei Hoden liegen innen.)

Als Stichtag für die Berechnung des Alters bei der Einstufung in Altersgruppen gilt der 1. Januar. Ein Fohlen gilt also als Jährling am 1. Jan. des auf die Geburt folgenden Jahres. Der ‚Show Champion' und der ‚Reserve Champion' sollen mindestens 2 Jahre alt sein.

Das siegreiche ‚Halter'-Pferd soll edel sein, ein harmonisches Gebäude haben, ohne sichtbare gesundheitliche Mängel sein, korrekte Gang-

CCOLIDA (National Grand Champion und Sire of National Grand Champions). Dieser Hengst und sein Besitzer Bill Cass genießen die Sympathie und den Respekt aller Züchter. *(Foto: ApHC)*

arten zeigen und gute Manieren haben. Ob kontrastreiche Fellzeichnung oder gerade nur soviel, daß sie aus einer Entfernung von 15 feet (ca. 4,50 m) als Appaloosa-Fellzeichnung erkennbar ist, macht für die Bewertung keinen Unterschied. (Appaloosas ohne jegliche Fellzeichnung = ‚Marginal-Solid' dürfen nicht vorgeführt werden). Alle Appaloosas in den ‚Halter'-Klassen müssen die Appaloosa-Charakteristika haben (s. Seite 37).

Außer den oben aufgeführten Alters-Klassen getrennt nach Geschlecht gibt es eine Klasse für Zuchtstuten ohne Fohlen und eine Klasse für Zuchtstuten mit Fohlen bei Fuß.

Zu den sogenannten Gruppen-Klassen gehören:

1. ‚G e t o f S i r e' – Nachzucht eines Hengstes

Drei direkte Nachkommen eines Appaloosa-Hengstes, der weder verstorben ist, noch zwischenzeitlich gelegt wurde. (Der Hengst wird nicht gezeigt). Alter und Geschlecht der vorgeführten Pferde sind ohne Bedeutung. Die Pferde brauchen nicht im Besitz oder Eigentum einer Person zu stehen.

2. ‚P r o d u c e o f D a m' – Nachzucht einer Mutterstute

Zwei direkte Nachkommen einer Appaloosa-Stute, die nicht verstorben ist. (Die Stute wird nicht gezeigt).

Alter und Geschlecht der vorgeführten Pferde sind ohne Bedeutung. Die Pferde brauchen nicht im Besitz oder Eigentum einer Person zu stehen.

3. ‚H e r d - C l a s s' – Herden-Klasse

Eine Herde kann aus 2 Hengsten (ein Junghengst = höchstens Jährling und ein älterer Hengst = 2jähriger und darüber) und 2 Stuten bestehen oder aus 1 Hengst und 3 Stuten.

Der oder die Hengste dürfen in den ersten zwei Generationen nicht mit den Stuten verwandt sein. Alle Tiere müssen denselben Eigentümer haben.

GRAND CHAMPION STALLIONS

JAHR: PFERD: GEBOREN: VATER:

1948 – PATCHY, 1939, von Patches (General Bluecher)
1949 – MEDICINE MAN, 1943, von Domino
1950 – FREEL'S CHICO, 1947, von Stubby
1951 – RED EAGLE, 1946, von Ferras, AHC
1952 – SONNIE BOY, 1951, von Simka, AHC
1953 – AMERICAN EAGLE, 1951, von Red Eagle
1954 – APACHE, 1942, von Better Still, JC
1955 – PATCHY JR. 1952, von Patchy
1956 – RED EAGLE'S PEACOCK, 1953, von Red Eagle
1957 – EDDIES PRIDE, 1956, von Bear Paw
1958 – NAVAJO BRITCHES, 1953, von Whistle Britches
1959 – MR. MJB, 1957, von Joker B
1960 – VANGUARD D, 1958, von Hands up
1961 – HIGH STAKES, 1958, von High Spot
1962 – HIGH STAKES, 1958, von High Spot
1963 – COLIDA, 1957, von AQHA
1964 – PATCHY JR'S SHAUN TONGA, 1960, von Patchy Jr.
1965 – RUSTLER ZIP, 1961, von Rustler Bill
1966 – WAPITI JR, 1961, von Wapiti
1967 – FLYING STAR, 1962, von Colida
1968 – SILVER STRIKES EQUAL, 1965, von Comanche's Equal
1969 – JOHNNY SNOWCAP, 1967, von Croton All, AQHA
1970 – JOHNNY SNOWCAP, 1967, von Croton All, AQHA
1971 – SILVER STRIKES EQUAL, 1965, von Comanche's Equal
1972 – TRUSTY'S COLIDA, 1967, von Colida
1976 – DUDES BONANZA JR, 1974, von Dude's Bonanza
1977 – ON CLOUD NINE, 1974
1978 – SKIP BRIGHT, 1975, von Skipper's Lad (AQHA)
1979 – ROYAL EXHIBIT, 1977, von The Executive
1980 – ROMAN STRAW POWER, 1977 von Roman's Straw Man

RESERVE CHAMPIONS STALLIONS

1953 – BLITZ, 1944, von Patchy,
1954 – PATCHY JR, 1952, von Patchy
1955 – SHEIKH, 1949, von Borkaan, AHC
1956 – CHUG McQUE, 1954, von Matt McCue, AQHA
1957 – RED EAGLE, 1945, von Ferras, AHC
1958 – QUAVO B, 1956, von Buttons B
1959 – W–M's COPPER DOLLAR, 1955, von Unknown
1960 – CAREY'S LITTLE CHIEF, 1953, von Norel's Little Red
1961 – BEAU QUAVO, 1959, von Quavo B
1962 – IMBODEN'S DRIFTWOOD BOB, 1960, von Bay Bob
1963 – RUSTLER ZIP, 1961, von Rustler Bill
1964 – ABSAROKEE SUN, 1961, von Absarokee Sunset
1965 – DON O'S CAVILADE, 1956, von Cavilade, AQHA
1966 – SONNY BOY'S RED MAN, 1956, von Kelleys Sonny Boy
1967 – PEAVY'S FIREBALL, 1964, von Peavy's Bimbo
1968 – SNAP UP, 1962, von Guapo
1969 – CO–FLEET, 1966, von Colida
1970 – IKE DOMINO, 1964, von Double Six Domino
1971 – HA DAR HONEY, 1969, von Wapiti
1972 – MIGHTY MARSHALL, 1961, von Mighty Bright
1976 – ARROW W EQUAL, 1974, von Silver Strike's Equal
1977 – BRIGHT REFLECTION, 1975
1978 – DUDES BONANZA JR, 1974, von Dude's Bonanza
1979 – SPANISH DIAL, 1975, von Dial Bright Too
1980 – GO JET 'EM, 1977, von Roman Jet

GRAND CHAMPION MARES

1948 – BONNIE, 1941, von Knobby
1949 – BONNIE, 1941, von Knobby
1950 – THEKA, von Unknown
1951 – GYPSY, 1946, von Patchy
1952 – SHERMAN'S CHEETAH, 1943, von Skipper
1953 – SUNSHINE, 1950, von Sundance

1954 – MANCHITA, 1946, von Pal
1955 – MANCHITA, 1946, von Pal
1956 – MA KA ETA, 1954, von Tomahawk II
1957 – DIAMOND JUDY, 1951, von King Gold
1958 – JESSIE JOKE, 1957, von Joker B
1959 – STAR MIST, 1955, von Starduster, AQHA
1960 – PATEEKA, 1959, von Chief Chelsea
1961 – UDO, 1957, von Choya
1962 – GENEVIEVE PEAVY, 1957, von Peavy's Bimbo
1963 – BRIGHT DELIGHT, 1961, von Bright Eyes Bro.
1964 – SUGAR HI SPOT, 1962, von High Spot
1965 – EMERALD MIST, 1960, von Brown Bob, AQHA
1966 – JOKER'S TIPCEE, 1962, von Joker B
1967 – MIGHTY HIGH, 1963, von High Hand
1968 – SUGAR HI SPOT, 1962, von High Spot
1969 – SNOWCAPS LADY PITT, 1966, von Croton All, AQHA
1970 – AMERICAN GIRL, 1966, von High Hand
1971 – MISS THREE BARS, 1968, von Three Bars, JC
1972 – MISS DIAMOND CHARGE, 1963, von Diamond Charge
                                                    AQHA
1976 – SKIP'S BRIGHTETTE, 1973, von Skipper's Lad (AQHA)
1977 – PEAVY'S CAJUN QUEEN, 1974
1978 – HOMBRES LACY DECK, von Tough Hombre
1979 – GOLD'S CLEO PLAY, 1976, von Jagady's Gold
1980 – CHARNETTA, 1977, von Prince Chicaro

RESERVE CHAMPION MARES

1954 – WYALTA BABE, 1948, von Chief Yo Yo
1955 – LITTLE BRITCHES, 1954, von Whistle Britches
1956 – AMERICAN MARVEL, 1955, von American Eagle
1957 – AMERICAN MARVEL, 1955, von American Eagle
1958 – HONEY BEE, 1955, von Speckles
1959 – TICK TOCK, 1956, von Double Six Domino
1960 – PAINTED LADY, 1955, von Chief Apache
1961 – QUEEN BEE OF AA, 1958, von Chief Navajo
1962 – ARBOLEDO'S PRINCESS L, 1960, von Arboledo Joe

1963 – ANGEL FACE, 1957, von Harmon Baker B. AQHA
1964 – BRIDGETT BRITCHES, 1962, von Navajo Britches
1965 – RUSTLER SUGAR, 1961, von Rustler Bill
1967 – EMERALD MIST, 1960, von Brown Bob, AQHA
1968 – SNOWCAP'S LADY PITT, 1966, von Croton All, AQHA
1969 – NAVA DOLLY, 1967, von Navajo Britches
1970 – SLEEPY'S DREAM, 1966, von Joker's Sleepy
1971 – GHOST'S GAYLA, 1968, von Ghost of Comanche
1976 – PRINCE'S NANCI, von Prince Plaudit
1977 – GOLD'S DIAL ME 2, 1975
1978 – I'MA PEAVY, 1976, von Mighty Peavy
1979 – EXCLUSIVE GOLD, 1977 von Mr. Exclusive
1980 – SKIPPA STREAK, von Skippa Cord (AQHA)

PERFORMANCE WORLD CHAMPIONS

1961 – GENERAL CUSTER, Besitzer: Charlie W. Peterson, Atkinson
Neb., Reiter: Lowell Farrel
1962 – QUANAH'S WARRIOR, Besitzer: Gene & Juanita Jordan,
Durango, Colo., Reiter: Gene Jordan
1963 – TOK–A–RUN, Besitzer: Elsie & Gerald Patin, Lafayette, La.,
Reiter: Billy Duhon
1964 – NANSEL'S CHOCOLATE SUNDAY, Besitzer: Ruth & Arlo
Nansel, Miles City, Mont., Reiter: Alvin Gabbert
1965 – SON OF SNOW CLOUD, Besitzer: Dr. & Mrs. George Gayle,
Houston, Tex., Reiter: Lupe Martinez
1966 – TEM POP, Besitzer: Rolla Colclasure, Mt. Sterling, III., Reiter:
Lloyd Donley
1967 – SUGAR BRITCHES, Besitzer: Thompson Bros., Omaha, III.,
Reiter: Terry Thompson
1968 – SON OF SNOW CLOUD, Besitzer: Dr. & Mrs. George Gayle,
Houston, Tex., Reiter: Lupe Martinez
1969 – SON OF SNOW CLOUD, Besitzer: Dr. & Mrs. George Gayle,
Houston, Tex., Reiter: Lupe Martinez
1970 – CGM MIGHTY HIGH, Besitzer: Rolla Colclasure, Mt. Sterling, III., Reiter: Lloyd Donley

1971 – HAN „D" FOX, Besitzer: Joyce Johnson, Waterloo, III., Reiter: Terry Thompson

1972 – CHRISTI FURY, Besitzer: James Hughes, Clyde, New York, Reiter:Terry Thompson, Edmeston, New York

1973 – YEGUA'S BOB, Besitzer: George Taylor, Owasso, Mich., Reiter: Sue Allison und Jean Donley, Loraine, III.

1974 – POST HASTE, Besitzer: John Whitford, Baldwin City, Kan., Reiter: Chet Bennett

1975 – CAYANNE'S CYETTE, Besitzer: A.C. Marion, Huntington Beach, Calif., Reiter: Art Gaytan

1976 – I SPY, Besitzer: Lemar Enterprises, San Diego, Calif., Reiter: Rosey Reed

1977 – LORD LIN, Besitzer: Mike House, El Cajon, Calif., Reiter: Rosey Reed

1978 – GO SUDDENLY, Besitzer: Jerry Flores, El Cajon, Calif., Reiter: Rosey Reed

1979 – HIGH SIGN, Besitzer: Mike & Ira Bregman, Hialeah, Fl., Reiter: Jack Henning

1980 – HIGH SIGN, Besitzer: Mike & Ira Bregman, Hialeah, Fl., Reiter: Jack Henning

2. Performance-Classes

Performance umfaßt eine Vielzahl an Disziplinen. Sie alle hier ausführlich zu beschreiben, würde den Rahmen sprengen, zumal die meisten Disziplinen Bestandteil aller Western-Shows sind und nicht ausschließlich auf Appaloosa-Shows durchgeführt werden. Ich will sie deshalb nur so kurz wie möglich beschreiben Eingehende Information über Western-Reitdisziplinen können Sie bei der EWU (Europäische Westernpferde und -reiter-Union) erhalten, die eigens für ihre Veranstaltungen ein Regelbuch herausgegeben hat.

1979 und 1980 Performance World Champion HIGH SIGN (Foto: ApHC)

Es gibt jedoch auch einige traditionelle Klassen, die ausschließlich auf Appaloosa-Shows gezeigt werden. Diese Wettbewerbe basieren auf dem geschichtlichen Hintergrund der Appaloosa-Rasse. Die Richtlinien hierfür findet man authentisch nur in dem vom ApHC herausgegebenen ‚Appaloosa Show Rule Book'. Es handelt sich um besonders farbenfreudige und spannende Wettbewerbe, die bei Zuschauern und Teilnehmern gleichermaßen große Begeisterung erwecken. Die geläufigsten traditionellen Appaloosa-Wettbewerbe sollen im zweiten Teil dieses Kapitels beschrieben werden.

I.   ALLGEM. WESTERN–SHOW–DISZIPLINEN AUF APPALOOSA–SHOWS

1.) Western Pleasure

Je nach Ausschreibung können separate Abteilungen für junge und ältere Pferde, für weibl. und männl. Teilnehmer eingeteilt werden. Alle Teilnehmer einer Klasse verteilen sich gleichmäßig auf dem Hufschlag und reiten im Schritt, Trab und Galopp je nach Ansage. Die Pferde werden am losen Zügel mit einer Hand geritten und sollen ruhig und gleichmäßig gehen. Wie das Wort ‚Pleasure' bereits sagt, sollen die Pferde den Eindruck vermitteln, daß es ein Vergnügen ist, sie zu reiten.

Zum Abschluß der Prüfung stellen sich alle Reiter mit ihren Pferden auf der Mittellinie nebeneinander auf und der Richter fordert jeden einzelnen Reiter auf, sein Pferd rückwärts zu richten.

2.) English Pleasure (Hunt Seat = Jagdsitz u. Saddle Seat = Dressursitz; getrennte Klassen)

Je nach Ausschreibung können separate Abteilungen für junge und ältere Pferde eingeteilt werden.

Wie beim ‚Western Pleasure' soll auch in dieser Klasse die besondere Leichtrittigkeit des Appaloosas gezeigt werden, jedoch sind Reiter und Pferd im englischen Stil ausgestattet. Der Trab ist fleißiger und zeigt mehr Raumgriff, der Galopp ist versammelter. Das Pferd wird nicht mit ‚neck-reining', sondern im ‚englischen' Stil geritten.

English Pleasure-Hunt Seat   *(Foto: ApHC)*

3. Western Riding

Der Reiter soll eine vorgegebene Aufgabe einzeln vorreiten und hierbei Gehorsam, Willigkeit und Leichttrittigkeit eines guten Ranchpferdes demonstrieren. Bestandteile seiner Aufgabe sind das Öffnen eines Gatters beim Einreiten, Schritt, Trab, Galopp, Rückwärtsrichten und das Umreiten von Markierungspunkten (z.B. Tonnen oder Hütchen) in Form von Schlangenlinien, dabei Galoppwechsel. Diese Gehorsamsübungen, im Westernstil geritten, sollte ein gutes Ranchpferd für seine tägliche Arbeit beherrschen.

4.) Reining (Junge und ältere Pferde in getrennten Klassen)

Dies ist die Dressurprüfung des Westernpferdes. Die jeweilige Aufgabe muß dem Reiter bekannt sein und er reitet sie einhändig vor. Die Zügelhand darf nicht gewechselt werden, und Pferd und Sattel dürfen mit der freien Hand nicht berührt werden.

82

Die Hilfen des Reiters sollen unsichtbar sein. Das Pferd soll mit fließenden Bewegungen, mühelos in angemessener Geschwindigkeit die Übungen ausführen. Jedes sichtbare Unbehagen des Pferdes, wie Schlagen mit dem Schweif, Aufreißen des Maules, nervöses Kopfnicken aber auch Stolpern, aus der Gangart fallen oder Verweigerung des Handwechsels im Galopp, wird als Fehler gerechnet. Das Pferd soll die Übungen ohne Streß ausführen. Weicht der Reiter vom vorgeschriebenen Kurs ab, so wird er disqualifiziert. Verliert er den Steigbügel, spricht er mit seinem Pferd oder reißt er an den Zügeln, so wird dies negativ bewertet.

5.) T r a i l (Geländeeignungsprüfung)

Ein gutes Trail-Horse sollte zugleich ein gutes Pleasure Horse sein. Es muß Gehorsam beweisen bei der Bewältigung von Hindernissen, wie sie im Gelände vorkommen können. Das Pferd wird einhändig geritten und soll die Hindernisse aufmerksam, aber gelassen passieren. Ist übermäßiges Vorwärtstreiben notwendig, so wird dieses als Ungehorsam des Pferdes gewertet. Auf einem guten Trail-Horse öffnet man mühelos ein Weidetor und schließt es wieder nach Durchreiten, man reitet über eine Brücke, über eine Wippe, über ausgelegte Folie und vieles mehr. Selbst wildlebende Tiere, wie Bären, Klapperschlangen, Wildschweine und flatternde Vögel hat man schon in Trail-Classes auf amerikanischen Appaloosa-Shows gesehen. Zeigt das Pferd beim Vorbeireiten Angst, so bekommt es einen Punkteabzug.

6.) S t o c k H o r s e - W o r k e d O n C a t t l e

Eine vorgegebene Aufgabe, die schnelle Starts und Stops (sliding stops), Wendungen, Achten und Rückwärtsrichten beinhaltet, muß einhändig vorgeritten werden, um zu zeigen, daß sich das Pferd für die Arbeit mit Rindern durch Schnelligkeit, Wendigkeit und Gehorsam eignet. Zusätzlich soll es seinen Mut beweisen. In einer Ecke der Arena werden Rinder gehalten. Dem Reiter wird durch den Ringrichter seine Aufgabe genau beschrieben, die er dann durchführen soll (z. B. die Absonderung eines einzelnen Tieres). Jeder Teilnehmer hat 2 Minuten Zeit, um zu beweisen, daß sein Pferd auch in der Realität für die Rinderarbeit geeignet ist.

SKIP BRIGHT – 1st Place Senior Trail 1980, National Show

7. C u t t i n g H o r s e (Junge und ältere Pferde, separate Klassen)

Die Aufgabe eines guten Cutting-Horse ist es, ein Stück Vieh von seiner Herde zu trennen und zu verhindern, daß es zur Herde zurückkehrt. Das Pferd arbeitet selbständig. Es treibt eine Kuh von seiner Herde weg und schneidet ihr den Weg zurück ab. Dieses setzt schnelle und sichere Beinarbeit voraus. Der Reiter kann und darf nicht eingreifen. Mehr oder weniger wie ein Zuschauer wird er von seinem Pferd mitgetragen. Dem ‚Cutting Horse‘ wird der sogenannte ‚Cow sense‘ zugesprochen; d.h., es denkt schneller als sein Reiter und weiß früher, in welche Richtung die Kuh entweichen will. Manchmal reagiert es so schnell, daß sein Reiter sich am Sattelhorn halten muß, um oben zu bleiben.

84

CUTTING-HORSE – ,Beau Quavo, F–2769' (v. Quavo B.)

(Foto: ApHC)

8.) Calf Roping Horse

Ein Kalb soll mit dem Lasso eingefangen und an 3 Beinen gefesselt werden. Es wird von Pferd und Reiter getrieben, bis es in geeigneter Entfernung und Position ist, um ihm das Lasso über den Kopf zu werfen. Das Ende des Lassos wird am Sattel befestigt, und während der Reiter absteigt und entlang dem Lasso zu dem am Boden liegenden Kalb läuft, arbeitet das Pferd selbständig. Es soll das Lasso auf Spannung halten, gerade so, daß sich das Kalb nicht befreien kann, jedoch darf es das Kalb nicht mitschleifen. Der Reiter muß das Kalb auf seine Beine kommen lassen, es dann eigenhändig hinlegen und an 3 Beinen fesseln, bevor er das Signal gibt, daß seine Arbeit getan ist. Die Zeit entscheidet für den Sieger. Befreit sich das Kalb und kommt auf seine Beine, bevor der Richter die Arbeit begutachtet hat, so scheidet der Teilnehmer aus.

'Calf Roping' – *Bei der Rancharbeit muß der Appaloosa verläßlich mitar-*
beiten.   *(Foto: ApHC)*

9.) H e a d i n g a n d H e e l i n g

In dieser Disziplin starten je 2 Teilnehmer in einer Mannschaft. Ein
Partner soll das Rind mit dem Lasso an seinen Hörnern, der andere an
den Hinterbeinen einfangen. Es wird vorher festgelegt, wer welche
Arbeit ausführt, und nicht der jeweiligen Gelegenheit überlassen. Dadurch wird dieser Wettbewerb erschwert, denn einerseits müssen die
Reiter versuchen, bei dem sich bewegenden Rind in der richtigen Position zu bleiben, andererseits dürfen sie ihrem Partner nicht in die Quere
kommen und ihn bei seiner Arbeit einengen. Pferde und Reiter müssen
sich gut abstimmen. Die Zeit eines Teams ist für den Sieg entscheidend.

10.) J u m p i n g (Open and Working Hunter)

Es ist eine Fehlvorstellung, daß Appaloosa-Pferde sich zum Springen
nicht eignen. In früheren Zeiten war es kaum denkbar, daß ein Nez Per-

ce oder ein Cowboy ein Pferd ritt, das sich weigerte, über ein im Wege liegendes Hindernis zu springen.

Der Unterschied zwischen den 2 Klassen ‚Open Jumper' und ‚Working Hunter' liegt in der Beschaffenheit der Sprünge, im Aufbau des Parcours und in der Ausstattung von Reiter und Pferd. Die Bewertung wird nach Fehlerpunkten vorgenommen.

Abwerfen oder Berühren von Hindernissen, wobei unterschieden wird, ob das Hindernis mit der Vorder- oder Hinterhand des Pferdes berührt wurde, und Verweigern ergeben Strafpunkte. 3 maliges Verweigern, Verreiten im Parcours, der Sturz von Pferd oder Reiter, Überreiten der Startlinie vor dem Startsignal und Überschreiten von gegebenen Zeitlimits führen zum Ausschluß.

Der Appaloosa ‚Look Sharp' im Springen　　　　　　　　*(Foto: ApHC)*

II. TRADITIONELLE APPALOOSA-WETTBEWERBE

1.) N e z P e r c e S t a k e R a c e (Stecken-Rennen)

Nach Brauch der Nez Perce wird dieses Rennen Pferd gegen Pferd ausgetragen und nicht wie bei anderen Western-Rassen einzeln gegen die Uhr.

Je 6 Stecken werden in 2 nebeneinanderliegenden Reihen aufgestellt. **Start und Ziel ist für beide Pferde dieselbe Linie. Auf das Startsignal** folgt ein aufregendes Rennen. Beide Pferde reiten zum Ende ihrer Steckenlinie, um den letzten herum und dann im Slalom Richtung Startlinie und zurück und wiederum längsseitig der Stecken in Richtung Ziel. **Wird ein Stecken umgeworfen, mit der Hand berührt, oder verreitet sich** der Reiter, so scheidet er aus, es sei denn, dem Gegner unterläuft ein ähnlicher Fehler. In diesem Fall muß das Rennen wiederholt werden, so

‚Nez-Perce-Stake-Race' *(Stecken-Rennen)*   *(Foto: ApHC)*

88

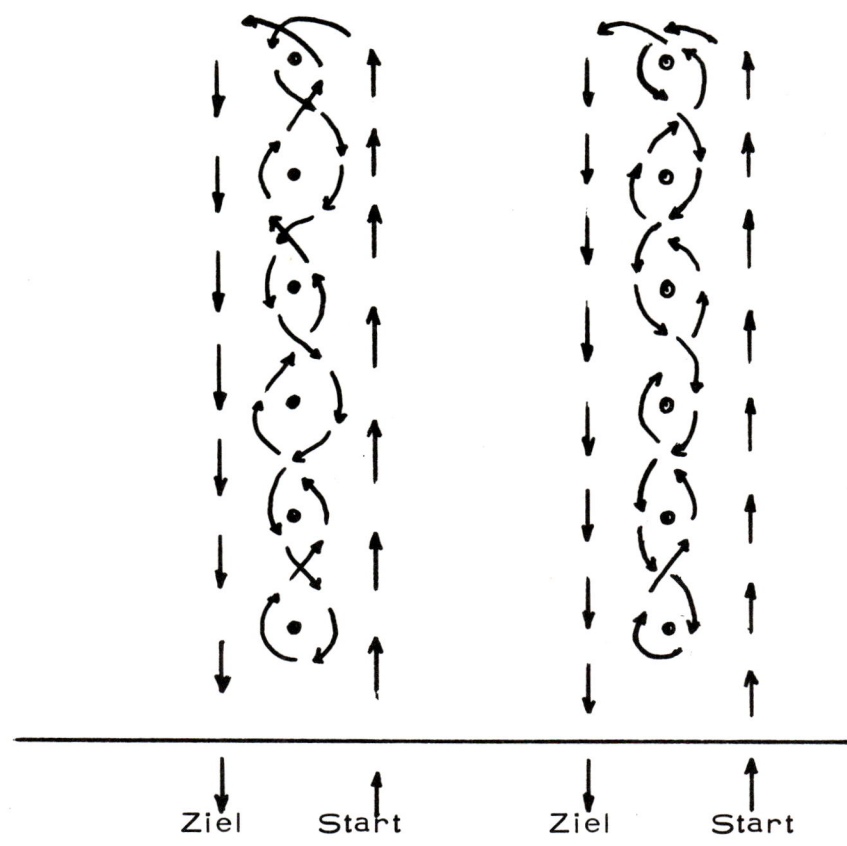

| Ziel | Start | Ziel | Start |

lange, bis ein Reiter ohne Fehler als Sieger hervorgeht. Der Sieger eines Rennens muß solange gegen die anderen siegreichen Pferde antreten, bis nach k.o.-System der endgültige Sieger hervorgeht. Er muß also mehrere Male starten und dabei enorme Ausdauer beweisen. Verständlicherweise hat das Publikum seine Favoriten und nimmt voller Spannung an dem Geschehen teil.

2.) C a m a s P r a i r i e S t u m p R a c e

In diesem Tonnen-Rennen kämpfen wiederum nach Tradition der Nez Perce 2 Reiter gegeneinander. Aus je 3 Tonnen werden 2 Dreiecke aufgebaut. Start- und Ziellinie ist die Mittellinie zwischen den Dreiekken. Auf Signal starten beide Teilnehmer an derselben Startlinie, reiten jedoch in entgegengesetzte Richtung, um die für sie bestimmten Tonnen. Wird eine Tonne umgeworfen, mit der Hand berührt, oder ver-

89

reitet sich ein Teilnehmer, so muß er ausscheiden. Der Gegner kann dann, wenn er fehlerfrei geritten ist, seinen Kurs in Ruhe absolvieren, um Fehler zu vermeiden und um sein Pferd für die weiteren Durchgänge gegen andere siegreiche Pferde zu schonen. Unterläuft beiden Teilnehmern ein ähnlicher Fehler, so muß das Rennen wiederholt werden, bis ein Reiter fehlerfrei ans Ziel kommt. Sind beide Teilnehmer fehlerfrei, so gewinnt derjenige, der die Ziellinie als erster überreitet. Nach einem bestimmten System kämpfen die Sieger solange gegeneinander, bis der endgültige Sieger feststeht.

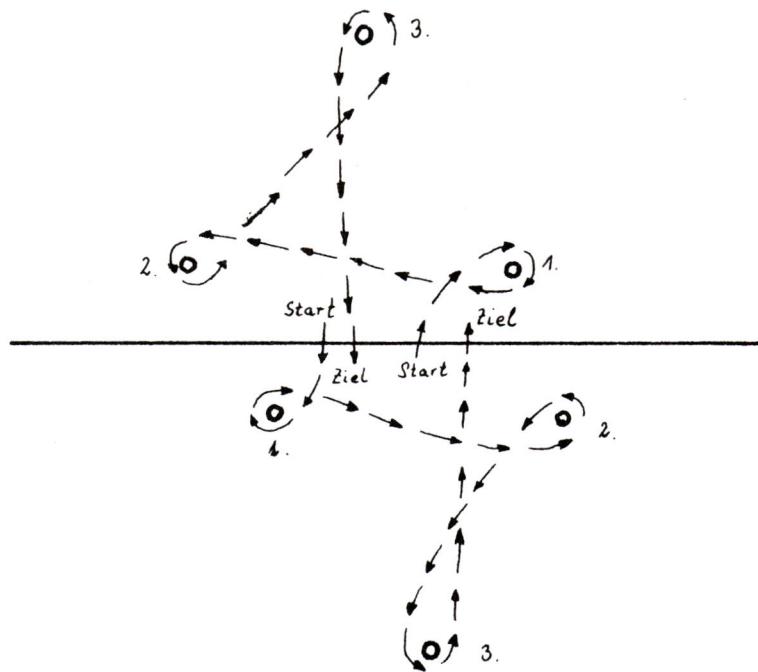

Von allen Klassen auf Appaloosa-Shows sind das ‚Nez Perce Stake Race' und das ‚Camas Prairie Stump Race' bei den Zuschauern die beliebtesten. Die allgemeine Begeisterung ist mitreißend. Die Teilnehmer werden durch Zurufe angespornt, und mit Beifall für den Sieger wird nicht gespart. Die Schnelligkeit, Wendigkeit und Ausdauer der Appaloosas wird hier auf das äußerste gefordert, und ein Sieg in diesen Klassen hat besondere Geltung.

Camas Prairie Stump Race (Tonnen-Rennen)

3.) N e z   P e r c e   B u f f a l o   H u n t – Nez Perce Büffel-Jagd
(Steer Daubing)

Diese Klasse wird nach Zeit bewertet. Die Zeit läuft, wenn der Reiter durch eine Barriere in die Arena einreitet. Er trägt eine ca. 2 m lange Lanze, die an der Spitze gepolstert und in abwaschbare Farbe getaucht wurde. In der Arena befindet sich ein Stier, dem rechts- und linksseitig ein Farbkreis aufgezeichnet wurde. Die Aufgabe des Reiters ist es, an den Stier heranzukommen und ihm von einer Seite innerhalb des Kreises mit der Lanzenspitze einen Farbklecks aufzudrücken, so als würde er das Tier mit der Lanze erlegen. Trifft er in den Kreis, so hebt er zum Zeichen seine Lanze, und die Zeit wird gestoppt. Sitzt der Farbklecks außerhalb des Kreises, so wird der Reiter disqualifiziert. Damit der Stier nicht unnötig gejagd wird, hat jeder Reiter ein Zeitlimit von 1 Minute. Es ist ein schneller und aufregender Wettbewerb. Wird er als ‚Nez Perce Buffalo Hunt' ausgeschrieben, so werden die Pferde gesattelt und gezäumt, wie es bei den Indianern oder ‚Western Pionieren' üblich war. Der Reiter trägt die dazu passende Kleidung. Bei Ausschreibung als ‚Steer Daubing' trägt der Reiter die übliche Westernkleidung, und das Pferd wird mit Westernausrüstung geritten.

4.) R o p e R a c e

Am Ende einer Arena oder eines Außenplatzes wird ein Seil durch die Luft gespannt. Von diesem Seil hängen soviele Stricke herab, daß die Anzahl immer um einen geringer als die Teilnehmerzahl des Wettbewerbs ist. Alle Teilnehmer bekommen vor Beginn eine Nummer und müssen sich vor jedem Rennen in dieser Reihenfolge nebeneinander an der Startlinie aufstellen. Auf das Startsignal hin beginnt das Rennen zu den herabhängenden Stricken, die die Reiter ergreifen und festhalten müssen. Der erfolglose Reiter muß ausscheiden, und es wird ein weiteres Seil entfernt, damit die Anzahl unter der der Reiter liegt. Das Rennen wird so oft wiederholt, bis nur der Sieger übrigbleibt. Es ist ein wildes und rauhes Spiel. Die Pferde, die es kennen, wollen losstürmen und es ist nicht einfach, sie zurückzuhalten, bis das Startsignal gegeben wird, und außerdem die numerierte Reihenfolge nebeneinander einzuhalten. Ein zu früher Tritt über die Startlinie bedeutet Ausschluß.

5.) N e z P e r c e C o s t u m e C l a s s
(männl. und weibl. Teilnehmer, separate Klassen)

Die Kostüm-Klasse ist eine der farbenprächtigsten Darbietungen auf Appaloosa-Shows. Männer und Jungen sind gekleidet wie Indianer-Häuptlinge oder Krieger. Frauen und Mädchen wie Indianerfrauen oder Häuptlingstöchter, und auch die Pferde sind geschmückt. Die gesamte Ausstattung von Reiter und Pferd soll bis ins kleinste Detail echte Indianerarbeit sein und von der Zeitepoche und vom Stammeszweig her authentisch zusammengestellt werden. Selbst die Reparatur eines alten Teiles muß so durchgeführt sein, daß die Arbeit naturgetreu aussieht. Ein gutes Indianerkostüm kostet ein Vermögen. Für den Richter ist eine Bewertung sehr schwierig. Er muß sich in der Geschichte der Indianer gut auskennen, zumal die Indianer es bevorzugten, sich mit Dingen zu schmücken, die sie von befreundeten Stämmen als Geschenke erhielten. Dies macht die Beurteilung der Authentizität des Kostüms noch schwieriger. Auf Wunsch des Richters muß jeder Teilnehmer eine Aufstellung der Einzelteile seines Kostüms mit genauer Erklärung der Stücke erstellen. Wer kein echtes Indianerkostüm besitzt, aber trotzdem teilnehmen möchte, kann sich ein Kostüm anfertigen, das jedoch in seinen Bestandteilen wieder getreu dem Original der Epoche entsprechen muß. Der Richter bekommt vor Beginn der Kostüm-Klasse eine Aufstellung über originale und kopierte Kostüme der Teilnehmer. Da die

Dieses Bild könnte vor 140 Jahren entstanden sein. Es wurde 1954 auf der 7. National-Show in Montana aufgenommen.
Links: ,PATCHY JR.' F–1380 – National Grand Champion Stallion 1955.

Rechts: ,FREEL'S CHICO' F–715 – National Grand Champion Stallion 1950. (Foto: ApHC)

Appaloosa-Rasse einen breiten geschichtlichen Hintergrund hat, kann je nach Ausschreibung die Kostüm-Klasse aufgeteilt werden. In einer ,Offenen Klasse' sind dann alle Kostüme aus den verschiedenen Stadien der Geschichte des ,gefleckten Pferdes' zulässig. Dort sieht man die Kostüme von chinesischen Kaisern, persischen Königen, spanischen Eroberern, Pelzjägern, Missionaren usw. Ich glaube, es fällt ihnen nicht schwer, sich die Farbenpracht einer solchen Parade mit Teilnehmern aus verschiedenen Ländern und Jahrhunderten vorzustellen.

6.) B u c k b o a r d   P l e a s u r e   D r i v i n g
Als Erinnerung an die frühen amerikanischen Jahre und die Zeit der Pioniere soll in dieser Klasse gezeigt werden, wie nützlich ein Appaloosa als Familienpferd ist, ein Pferd, das werktags bei der Arbeit hilft und

sonntags für eine Spazierfahrt mit der ganzen Familie eingespannt wird. Ob einspännig oder zweispännig mit einer vierrädrigen Kutsche, bleibt der Wahl der Teilnehmer überlassen. Auch ist es freigestellt, ob sie sich als Amerikaner der frühen Geschichte oder als Pioniere präsentieren, solange die gesamte Aufmachung von der Kleidung der Mitfahrenden über das Geschirr der Pferde bis zur Kutsche original ist. Die Richter bewerten die Authentizität der Ausrüstung, die Farbenpracht und Qualität der Pferde und das Gesamtbild der Präsentation.

V. KAPITEL
Appaloosa-Familienlinien

Wahrscheinlich ist es eine Sache der persönlichen Meinung, welche der frühen Familienlinien überdurchschnittlich viel zur Verbesserung des damaligen Appaloosas beigetragen haben. Manche Abstammungsnachweise beginnen mit einem guten Appaloosa, dessen Vater und Mutter unbekannt sind. Bei anderen Appaloosas wurde die Abstammung mündlich überliefert, was natürlich leicht zur freien Erfindung oder Annahme von Vorfahren verführte.

Ganz sicher steckten die gefleckten Pferde in den Anfangsjahren des Wiederaufbaus der Rasse züchterisch gesehen in großen Problemen. Man mußte andere Rassen zur Einkreuzung benutzen, wie z. B. Araber, Vollblut und Quarter Horse, da es ganz einfach nicht genügend gute Pferde innerhalb der eigenen Rasse gab.

Die Tatsache des Einkreuzens anderer Rassen sollte den Appaloosa nicht in Mißkredit bringen. Vielmehr beweist es, wie stark die eigenen Vererbungsanlagen waren und sich immer wieder durchsetzten.

Viele der besten Zuchtprogramme basierten auf dem Vorsatz, qualitativ hochwertige Appaloosas irgendwo im Lande zu finden und die ursprüngliche Zucht der Nez Perce-Indianer wieder aufblühen zu lassen. Dies war nicht so einfach, da reinrassige Appaloosas nur noch schwer zu finden waren. Teilweise waren Appaloosas mit Kaltblut gekreuzt worden, um Pferde für die Farmarbeit zu haben.

Eine erstaunliche Tatsache besteht im Hinblick auf das Quarter-Horse. Teilweise resultierten aus Verbindungen von Spitzen-Quarter-Horse-Hengsten mit ebenso guten Quarter-Horse-Stuten gefleckte Fohlen. Diese Fohlen hatten alle wünschenswerten Charakterzüge der Quarter-Horse-Rasse, jedoch zusätzlich die uns bekannten Appaloosa-Merkmale. Dies verursachte viel Verwirrung unter den Quarter-Horse-Züchtern, ist aber ganz verständlich. Es gilt als erwiesen, daß ein Teil der besten Quarter-Horse-Zuchttiere, die im frühen 18. Jahrhundert von England nach Virginia gebracht wurden, mit Schabracken und Flecken gezeichnet waren. Da Hengste und Stuten mit besonders gutem Zuchtwert immer gefragt waren, gelangten diese Tiere oder ihre Nachkommen langsam westwärts und vermischten sich schließlich mit Appaloosa-Blutlinien.

Die nachfolgenden Familienlinien sind weder nach ihrer besonderen Bedeutung, noch nach Geburtsdaten geordnet.

1. ‚Old Painter'

Man kann nicht über Old Painter berichten, ohne nochmals auf Claude Thompson zurückzukommen.

„Mister Appaloosa", wie man ihn scherzhaft nannte, wurde 1883 in Philmarth, im östlichen Teil Oregons, geboren. Er starb am 20. Juli 1972 im Alter von 89 Jahren. Sein Lebenswerk, der Appaloosa von heute, ist ein lebendes Monument zu seinem Angedenken.

Claude war gerade 10 Jahre alt, als sein Vater ihm ein Hengstfohlen aus der Appaloosastute ‚Julie' schenkte. Dieses Fohlen spielte eine große Rolle in seiner Kindheit.

„Ich war nur ein Dreikäsehoch, als Dad mir ein neu geborenes Hengstfohlen schenkte. Es war das hübscheste Fohlen, daß ich je gesehen hatte: silber-weiß mit schwarzen Flecken am ganzen Körper.Ich nannte ihn ‚Dude' (Geck), weil ich ihn so stattlich fand." Es war dieses Hengstfohlen, das in dem jungen Claude den Wunsch weckte, die Rasse der gefleckten Pferde wieder aufblühen zu lassen. Er schwor sich, daß er eines Tages die beste Herde im ganzen Land haben würde. Seine jugendliche Begeisterung verdrängte vollkommen die Vorstellung, daß die Erfüllung seines Traumes fast unmöglich war.

Claude wuchs auf der Ranch seiner Eltern auf, heiratete seine Jugendliebe und erbaute sich eine eigene Ranch bei Moro in Oregon. Nun war er soweit, sein Versprechen einzuhalten. Er fuhr kreuz und quer durch den Nordwesten, um nach gefleckten Pferden zu suchen. Er fragte Rancher, erkundigte sich bei den professionellen Mustangfängern und zog über die Prärie.

96

Nach monatelangem Durchstreifen des Landes wurde er bekannt als „der Verrückte, der hinter den ollen gefleckten Pferden herjagt". Es störte ihn nicht im geringsten.

Endlich hatte er ein paar Stuten gefunden, nichts Hervorragendes, aber er transportierte sie nach Hause.

Seine Jagd ging weiter, und zwar nach einem guten Hengst. Er fuhr von Kanada nach Kalifornien und wieder zurück. Ohne Erfolg!

War es Schicksal oder ein bloßer Zufall, sei es wie es will, er fand den Hengst, nach dem er so lange gesucht hatte, ca. 50 Meilen von seiner Ranch entfernt. Ein eindrucksvoll gezeichneter Leopard, der als Deckhengst mit einer kleinen Herde auf der Weide lief.

Sein Name war ‚OLD PAINTER', und er gehörte Fred Busby aus Fossil, Oregon.

Claude mietete den Hengst für 1 Jahr und kaufte ein 18 Monate altes Hengstfohlen namens ‚YOUNG PAINTER'.

Alle passenden Stuten wurden von ‚Old Painter' gedeckt. Elf Monate später tummelten sich auf den Weiden die gefleckten Fohlen. Fast alle hatten das Aussehen von ‚Old Painter' geerbt;seinen Kopf, sein Gebäude und seine Farbe.

Jeder, der Claude kannte, wußte, was er für diese Appaloosas empfand. Claude war ein friedfertiger Mann, der das Leben und die Leute gern hatte, aber er hätte sich über den Mißbrauch der Appaloosa-Rasse mehr erregt als über die Verspottung seines Namens. Was skrupellose Pferdeleute dieser Rasse angetan hatten, empfand er wie den Stich eines Sporens in die eigene Seite.

Diese ausgesprochene Vorliebe für Appaloosas beeinflußte jedoch nicht seine fachgerechte Beurteilung eines guten Pferdes.

Als er sich seine ersten Fohlen ansah, stellte er fest, daß sie alle einen gemeinsamen Fehler hatten. Es fehlte ihnen die Verfeinerung; sie hatten nicht das Edle der Appaloosas seiner Jugendzeit. Claude war mittlerweile 45 Jahre alt.

Er beschloß,zur Veredelung eine andere Rasse einzukreuzen,und nach sorgfältigem Studium von Abstammungen und Zuchtergebnissen entschied er sich endlich für den ‚Araber' zur Überprüfung seiner Theorie.

Diese Rasse war edel und dem Appaloosa sehr ähnlich – nicht geschichtlich gesehen – aber in ihren Veranlagungen. Wichtig erschien ihm auch, daß der Araber seit Jahrhunderten reinrassig gehalten wurde.

Mit etwas Glück und Ausdauer würde er vielleicht in einigen Jahren ein geflecktes Pferd haben, das seinen Vorstellungen entsprach.

Claude nahm einmal wieder seinen Pferdehänger und fuhr nach Süd-Kalifornien. Die besten ‚Wüstenpferde' wurden im Golden Bear State gezogen.

Er brachte einen Spitzenhengst der W.K. Kellogg-Ranch nach Hause. Es war ein Fuchs mit dem Namen ‚FERRAS', AHC 922. Dieser Hengst war eine Attraktion für die Pferdezüchter von Moro. Die meisten von ihnen hatten noch keinen wirklich guten Araber gesehen, und alle waren sich einig darin, daß er den kalten Ost-Oregon-Winter nicht überleben würde.

Claude begann mit seinem neuen Zuchtprogramm.
‚FERRAS' wurde für die Nachzucht von ‚OLD PAINTER' und ‚YOUNG PAINTER' benutzt, und seine Nachzucht wurde wieder zum Appaloosa-Blut zurückgeführt. Die Zuchtergebnisse hielten einem Vergleich mit den berühmten Nez Perce-Pferden stand. Sie zeigten Adel, viel Farbe und Old Painters klassische Bewegung.

Dies alles spielte sich noch vor der Gründung des Appaloosa Horse Club ab. Ein kurzer Blick auf die ersten Seiten der Stutbuch-Ausgabe Nr. 1 zeigt den deutlichen Einfluß der Painter-Linie und Claude Thompsons Zuchtprogramm. Ca. 20 der ersten Foundation-Appaloosas sind entweder direkte Nachkommen von ‚Old Painter' und ‚Young Painter' oder stammen von deren direkten Nachkommen.

Kurz nachdem ‚Old Painter' auf Busby's Ranch zurückgekehrt war, da die Mietzeit abgelaufen war, wurde er nach Nord-Ost Oregon verkauft. Er wechselte noch zweimal den Besitzer, bevor Mr. von Hickman aus Albany, Oregon, ihn kaufte, der ihn wiederum an DeLeon Olsen nach Utah weiterverkaufte.

Die ‚Painter'-Blutlinie verzweigte sich über mehrere Staaten, aber außer Claude Thompsons Nachzucht brachte sie kaum noch rühmenswerte Nachkommen. Erwähnt werden muß eine seiner letzten Töchter, ‚SUNUP' F-1649 in Utah geboren, die sich durch Rennerfolge und ihre erfolgreiche Nachzucht einen Namen machte.

‚OLD PAINTER's letzter Besitzer Olsen nannte ihn einfach ‚SILVER'. Seine Flecken waren im Alter verschwunden, und sein Aussehen war das eines gut gebauten Schimmels. Vielen seiner Nachkommen ist es genauso ergangen. Diese Blutlinie ist dafür bekannt, daß aufgrund des Graufaktors ein extremer Farbwechsel eintreten kann. Schwarze und dunkelbraune Fohlen mit gefleckter Schabracke haben sich aufgehellt zu Grauen oder Schimmeln mit dunklen Flecken am Körper. Es war auch nicht ungewöhnlich, daß sie vollkommen weiß wurden, genauso wie ‚OLD PAINTER' selbst.

Claude selbst sagte, daß ‚PAINTER'S MARVEL' die beste Stute gewesen sei, die er je besaß. Sie wurde gezeugt aus der Verbindung ‚PAINTER III' (Großsohn von ‚Young Painter') mit ‚SNOWFLAKE' (Tochter von ‚Old Painter').Aus der Bedeckung mit ihrem eigenen Großvater ‚FERRAS' (Araber) resultierte ‚RED EAGLE'.

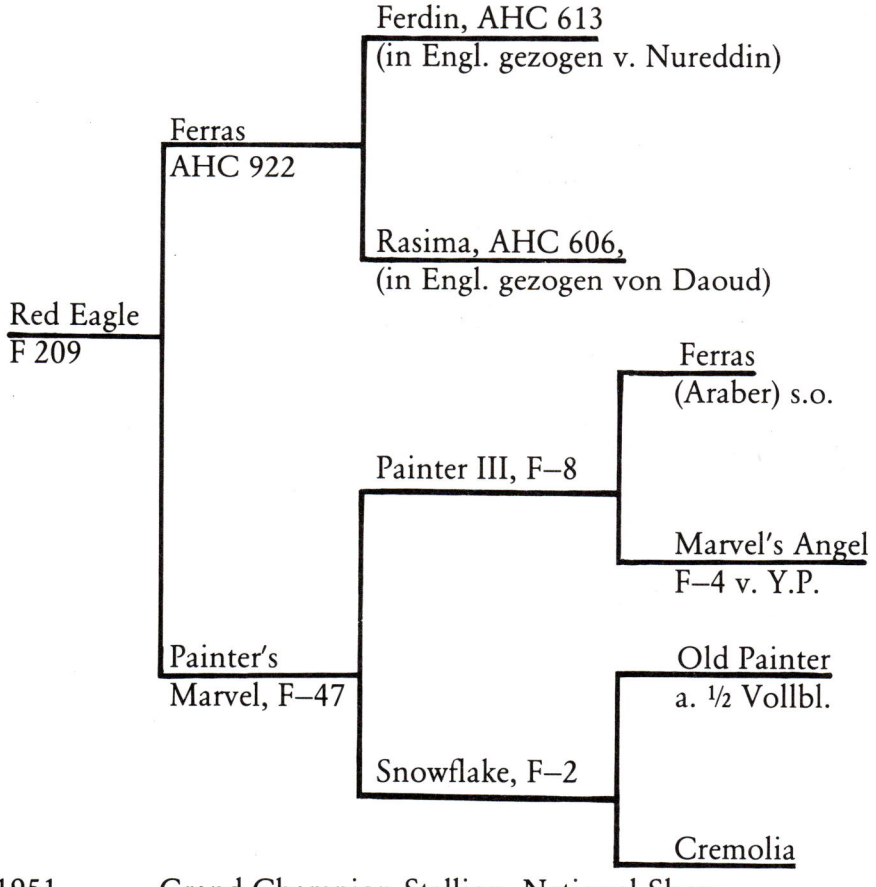

Red Eagle F 209

Ferras AHC 922
　Ferdin, AHC 613 (in Engl. gezogen v. Nureddin)
　Rasima, AHC 606, (in Engl. gezogen von Daoud)

Painter's Marvel, F–47
　Painter III, F–8
　　Ferras (Araber) s.o.
　　Marvel's Angel F–4 v. Y.P.
　Snowflake, F–2
　　Old Painter a. ½ Vollbl.
　　Cremolia

1951 . . . . . . Grand Champion Stallion, National Show
　　　　　　1st Place Aged Stallion, National Show
1956 . . . . . . 1st Place Get of Sire, National Show
1957 . . . . . . Reserve Champion Stallion, National Show
　　　　　　1st Place Aged Stallion, National Show
　　　　　　1st Place Get of Sire, National Show

‚RED EAGLE, F–209' – National Grand Champion Stallion 1951 und
Stammvater einer erfolgreichen Blutlinie   *(Foto: ApHC)*

RED EAGLE'S Bedeutung liegt weniger in seinen eigenen Gewinnen. Vielmehr spielt er eine Rolle als Stammvater einer außerordentlich erfolgreichen Blutlinie.

Selbst ein stilreines Pferd, von der Farbe stichelhaariger Fuchs mit braun gefleckter Decke, vererbte er seiner Nachzucht ein Exterieur, das unschwer auf den Vater schließen ließ. Pferde mit RED EAGLE-Blut haben edle Köpfe, kleine Ohren, ausdrucksvolle Augen und eine kleine Maulpartie. Sie haben ein kräftiges Gebäude, sind jedoch feingliedrig und wirken somit nicht plump. Die Brust ist tief und die Linienführung weich. Der Schweif ist relativ hoch angesetzt.

‚Red Eagle's Nachkommen haben ein großes Leistungsvermögen. Die veranlagten Fähigkeiten, verbunden mit gutem Training, machten sie zu den stärksten Konkurrenten in Halter- sowie Performance-Prüfungen. Auf der National Show 1967 gewannen 11 ‚Red Eagle'-Pferde mindestens 15 Preise. Als Erzeuger von National Champions war er unschlagbar. ‚RED EAGLE' wurde 1946 geboren und starb am 21. Mai 1972 auf der 1001 Ranch in Caliente, Nevada.

‚RED EAGLE'S PEACOCK' (v. Red Eagle) – National Grand Champion Stallion 1956   *(Foto: ApHC)*

‚RED EAGLE'S PEACOCK'   F–1476
geb. 1953
Vater: ‚Red Eagle' F 209
Mutter: ‚Easter' F–33 v. Peacock v. Solomon Figueroa
(Farbe: Braun, mit gefleckter Decke)
1956 . . . . . . Grand Champion Stallion, National Show
          1st Place, Three Year Stallion, National Show

Red Eagle's Peacock war ein auffallend stattlicher Hengst, der Aufsehen erregte durch seine Eleganz und sein harmonisches Gebäude. Der Vollbluteinfluß mütterlicherseits und der Arabereinfluß väterlicherseits waren unschwer zu erkennen. Er galt als intelligent und eroberte sich dadurch den Respekt aller, die ihn kennenlernten. Einer seiner Trainer sagte einmal: „Peacock hat einen so verständigen Blick, daß man bei ihm vergißt, daß es sich um ein Pferd handelt. Man meint, er stände darüber. Vielleicht steht er seinem Schöpfer etwas näher, als wir glauben."

Er war ein klassisches Beispiel für die ‚Old Painter'-Blutlinie. Als Stammvater seiner eigenen Dynastie erfolgreicher Nachkommen wie ‚BLUE ADMIRAL' und ‚PEACOCK'S MIRAKLMAN' machte er sich selbst einen Namen.

Im Gegensatz zu so vielen Eagle-Pferden hat sich ‚RED EAGLE's PEACOCK' niemals verfärbt. Er hat seine braune Grundfarbe behalten.

‚BLUE ADMIRAL' 28, 465
1966 . . . . . . Reserve Champion Performance Horse, World Playoffs
. . . . 1st Place Western Pleasure, World
1967 . . . . . . 1st Place Trail, World
1968 . . . . . . 1st Place English Pleasure, World

‚PEACOCK'S MIRAKLMAN' F 2190
geb. 1968 aus Painter's Marvel, F—47
Halbbruder und Großsohn von ‚Red Eagle' F—209

Als schwarz-weißer Leopard ist er ein vorzügliches Beispiel für die Wiederholung der Leopard-Zeichnung innerhalb der EAGLE-Linie. Von allen noch lebenden Painter-Nachkommen hat er wohl den stärksten Blutanteil. Seine Nachkommen haben sich auf der Rennbahn, als Performance-horses und in English pleasure bewährt, was wiederum die Vielseitigkeit der EAGLE-Linie beweist.

Weitere nennenswerte Nachkommen von ‚RED EAGLE' sind ‚Storm Cloud F' F—1644 aus Maize F—1643, geb. 1954, und sein Bruder ‚Simcoe's Chinook' F—1610.

‚AMERICAN EAGLE' F—1452, geb. 1951, aus Dutchess F—1110 selbst 1953 . . . Grand Champion Stallion, National Show und Vater einer langen Liste von siegreichen Pferden wie: ‚American Marvel', ‚Mister Blue', ‚T's Koka Tina', ‚Blue Chip' F—2988, ‚Malibu Chief' F—2502 und ‚May Day' J 12, 311.

2. Die ‚Toby'-Blutlinie

Manchmal spielen bei den Anfängen einer Blutlinie glückliche Umstände eine Rolle. So war es zum Beispiel bei den Toby-Appaloosas. Beteiligt waren zwei weiße Amerikaner, ein indianischer Pferdezüchter und ‚KNOBBY', ein kolossal guter Appaloosa-Hengst, ‚blue roan' mit einer schwarz-gefleckten Decke.

Die zwei weißen Amerikaner waren Guy Lamb und Floyd Hickman. Sie wohnten unweit voneinander entfernt in der Nähe des Snake River. Beide hatten eine Vorliebe für Appaloosa-Pferde. Guy Lamb besaß ‚KNOBBY' (geb. 1918), und Floyd Hickman hatte beschlossen, seine besonders gute Stute ‚SPOT' von Lamb's weit bekanntem Hengst decken zu lassen. Aus dieser Verbindung resultierte ein schwarzes Hengstfohlen mit einer kleinen Decke (Flecken = Patch) auf der Kruppe. Hickman nannte ihn deshalb ‚DAN PATCH' oder liebevoll ‚Little DAN', später nur noch ‚DAN'.

‚DAN' wurde kein sehr großes Pferd (14.3 hand = 149,6 cm),aber er war sehr gelehrig, hatte einen guten Charakter und war besonders leicht auszusitzen. Außerdem eignete er sich vorzüglich für die Arbeit mit Rindern und wurde bald zu Floyd Hickman's Lieblingspferd. Hickman benutzte ‚DAN' jahrelang als Deckhengst für seine Stuten, jedoch fehlte ihm die richtige Stute, um einen geeigneten Stammhalter zur Fortführung dieser Blutlinie zu bekommen.

Deshalb wandte er sich an Sam Fisher, einen Stammesangehörigen der Palouse-Indianer. Sam hatte den Ruf, in diesem Teil des Landes (Washington) die besten Appaloosa-Pferde zu züchten. Die Pferde aus seinem Bestand waren noch reinrassig. Hickman wußte dies und feilschte mit Sam um eine stichelhaarige Fuchsstute namens ‚LUCY'. Diese Stute hätte auch den heutigen Anforderungen des Appaloosa-Standards entsprochen. Floyd Hickman hat sie nie weiterverkauft, da sie sich als ausgezeichnete Zuchtstute bewährte.

Er benutzte ‚DAN' für ‚LUCY', und aus dieser Verbindung entstammte ‚OLD BLUE', ein Pferd, das den unbeschreiblich guten Charakter seines Vaters geerbt hatte, gut bemuskelt war und als Zuchthengst sehr bald ebenso gefragt war wie sein Großvater ‚KNOBBY'.

In einem Jahr bedeckte ‚OLD BLUE' 109 Fremdstuten zusätzlich zu Hickman's eigenen Stuten. Floyd erhielt die Deckgebühr für 77 Stuten, denn interessanterweise wurde damals die Deckgebühr erst bezahlt, wenn das Fohlen geboren war.

Aus Hickman's Stute ,TRIXIE', die nicht nur als besonders hübsch, sondern auch als außergewöhnlich schnell galt, ging dann in der Verbindung mit ,OLD BLUE' der Begründer der so berühmten Toby-Blutlinie hervor – ,TOBY I'.

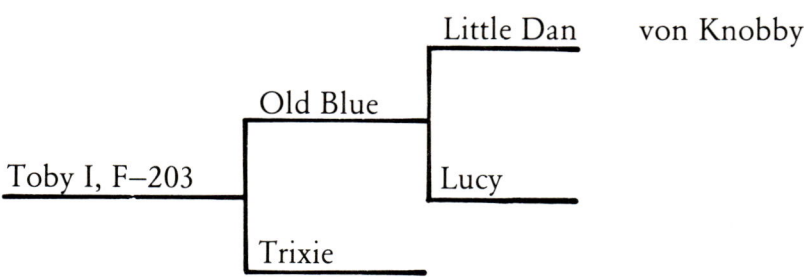

TOBY I F–203
geb. 1936
Vater: Old Blue v. Dan Patch v. Knobby
Mutter: Trixie
Farbe: Blue roan, Decke mit schwarzen Flecken

1948 . . . . . . Champion Performance Horse, National Show
1st Place Men's Western Pleasure, National Show
1st Place Lady's Western Pleasure, National Show

Abgesehen davon, daß TOBY ein besonders stattlicher Hengst wurde – er übertraf Floyd Hickman's Erwartungen bei weitem –, stellte es sich heraus, daß er einen ausgesprochenen ,cow sense' hatte. Hickman benutzte ihn sehr oft für seine Rancharbeiten und erklärte, daß Toby das beste Stock-Horse gewesen sei, das er je besessen habe. Toby lernte schnell und wurde zu einem wendigen Roping- und Cutting-Horse. Außerdem war er unermüdlich, und die Freude an der Arbeit mit Rindern konnte man ihm anmerken.

1946 wurde Toby an Harald Tibbs verkauft. Tibbs stellte ihn auf der ersten National Show 1948 in Lewiston vor und gewann mit ihm den ,Champion Performance Horse Title'. Immerhin war Toby zu diesem

Zeitpunkt bereits 12 Jahre alt und startete gegen Pferde, die nur halb so alt waren. Nach dieser Show wurde Toby von den Tibbses nur noch als Pleasure Horse benutzt.

1954 wurde der nun 18jährige Toby an Mrs. W.C. Raciot nach Idaho verkauft. Dort wurde er zum ‚Parade-Horse' umgeschult und bewies, daß man auch einem alten Pferd neue Tricks beibringen kann, denn ein Jahr später gewann er auf der ‚Washington State University Open Show' die ‚Parade-Class', und sogar mit 22 Jahren stand er noch immer auf der Gewinnerliste.

Toby starb im Alter von 30 Jahren am 21. Februar 1966. Wie so viele Knobby-Nachkommen hat er ein hohes Alter erreicht. Toby hinterließ weniger als 50 registrierte Nachkommen. So oft wie sein Vater ‚Old Blue' ist er nicht als Deckhengst eingesetzt worden, aber fast alle seiner Nachkommen zeichneten sich durch besondere Vielseitigkeit und große Leistungen aus. Seine meisten Nachkommen waren Stuten. Nachfolgend nur einige der bekanntesten Namen.

Stuten:

‚TOBIANNA' F–350, die selbst wiederum 17 Fohlen brachte, von denen die meisten sehr erfolgreich waren.
‚GLOREE BEE' F–2456 ; ‚RAPID LIGHTNING' – ‚KANIKSU'S CHAIN LIGHTNING' – ‚KANIKSU'S SHEET LIGHTNING'

Hengste:

‚KANIKSU'S LITTLE BEAVER' – ‚KANIKSU'S KIOWA' – ‚TOBY'S PEACOCK' – ‚TOBY II'

TOBY II F–113
Vater: Toby I F–203 v. Old Blue von Dan Patch v. Knobby
Mutter: Dappal

Dieser Hengst setzte die Toby-Linie durch Produktion erfolgreicher Nachkommen fort. George Hatley kaufte Toby II, als beide noch unbekannt waren. Neben der Verwendung als Zuchthengst setzte Hatley Toby II für die Rinderarbeit ein, er ritt ihn zur Bärenjagd oder was sich ansonsten an Gelegenheiten bot.

Hatley beschrieb Toby II als ein williges Pferd mit scharfem Verstand und besonders weichen Gängen, die ihn zu einem sehr leichtrittigen Pferd machten.

Toby II starb mit 24 Jahren.

Vater und Sohn. Toby I (vorne) und Toby II (hinten)   *(Foto: ApHC)*

Seine bekannteste Nachzucht:

Stuten:

,PATCH' – ,BLACK BEAUTY' – ,PRINCESS PAT' – ,NAHAHULI WAHINE' – ,TOBEE ANNA' – ,DIAMOND Bell'

Hengste:

,TOBY PATCH' – ,CHIEF HANDPRINT' – ,TOBY III' – ,GENESEE CHIEF' – ,YAKIMA TOBY' – ,KENNEY'S CHIEF' – ,DOLL'S TO-BY' – ,POLKADOTT TOBY' – ,TOBY K' – ,TOBY II'S PATCHY'

DIAMOND BELL F–287
geb. 1946
Vater: Toby II F–113 v. Toby I F–203 v. Old Blue
    v. Dan Patch v. Knobby
Mutter: Trudy, F–286
1948 . . . . . . 1st Place Two Year Old Filly, National Show

Diamond Bell, eine Rappstute mit weißen Flecken auf der Kruppe, ist die einzige S t u t e aus der Toby-Abstammung, die einen ‚NATIO-NAL'-Sieg einbrachte.

Bell wurde auf der ersten National Show 1948 als 2jähriges Stutfohlen Champion. Auf derselben National Show gewann ihr 3/4Bruder ‚Chief Eagle' F–288 (auch aus Trudy) das Championat als Jährlings-Hengstfohlen.

Auf dieser ersten National Show 1948 gewannen Toby I und seine Nachkommen 7 erste Plazierungen in 14 ausgeschriebenen Klassen.

TOBY III F–248
geb. 1944
Vater: Toby II F–113 v. Toby I F–203 v. Old Blue
                    v. Dan Patch v. Knobby
Mutter: Arrow (nicht registrierter Appaloosa)

Toby III war das Ergebnis aus George Hatley's Zuchtprogramm. George Hatley benutzte ‚Patchy'-, ‚Toby'- und ‚Apache'-Blutlinien und kreuzte Vollblut ein.

Toby III war ein Rappe mit weißer Decke und großen schwarzen Flecken darauf. Als Zuchthengst kam er kaum zum Einsatz. Er hatte gerade seine ersten 6 Stuten gedeckt, als man ihn zum Film-Star machte und zu diesem Zweck legen ließ. Erstaunlich ist jedoch, daß von seinen 6 Fohlen immerhin 3 zu National-Gewinnern wurden und Toby III damit zum erfolgreichsten Vater der Toby-Linie machten.

CHIEF EAGLE geb. 47 v. Toby III v. Toby II v. Toby
1948 . . . . . . 1st Place Yearling Colt, National Show

TOPATCHY geb. 53 v. Toby III v. Toby II v. Toby
1954 . . . . . . 1st Place Yearling Colt, National Show

TOBY IV geb. 53 v. Toby III v. Toby II v. Toby
1955 . . . . . . 1st Place Two Year Old Colt, National Show

Die TOBY-Familienlinie zeichnet sich durch Blutreinheit aus. Die Pferde dieser Linie sind das, was man als ‚absolute Appaloosas' bezeichnen könnte. Die meisten dieser Pferde sind besonders arbeitswillig und haben die Veranlagung zur Leistungsstärke. Toby-Pferde sind überdurchschnittlich weich auszusitzen, haben unermüdliche Ausdauer und zeichnen sich durch ihre Langlebigkeit aus.

3. Die ‚PATCHY'-Familienlinie

PATCHY F–416
geb. 1939
Vater: Patches (als General Bluecher F–77 reg.)
Mutter: Miss Rosalia (Vollblut)
1948 . . . . . . Grand Champion Stallion, National Show,
Lewiston, Idaho
1st Place Three Year Stallion, National Show

1952 . . . . . . Grand Champion Performance Horse, National Show,
Quincy, California

Nachdem PATCHY in den ersten Monaten seines Lebens mehrmals den Besitzer gewechselt hatte, gehörte er schließlich zur Lamb-Ranch.

Der tatsächliche Züchter war nicht mehr feststellbar, und so wurde er im Stutbuch unter Guy Lamb registriert. Auch was seine Abstammung väterlicherseits anbetrifft, gibt es einige Widersprüche. Einig ist man sich nur darüber, daß Patchy in jedem Falle aus der KNOBBY-Blutlinie entstammte.

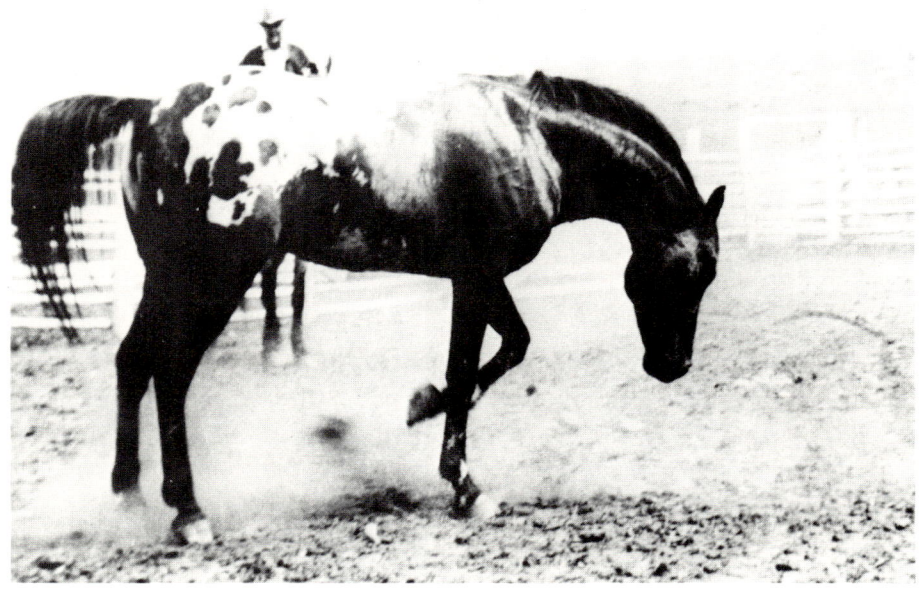

PATCHY, F–416

109

Patchy wurde als Rappe geboren mit einer weißen Decke und großen Flecken darauf, und es deutet auch auf die Knobby-Abstammung hin, daß sich mit zunehmendem Alter seine dunklen Farbregionen zu einem tiefen ‚blue roan' verfärbten.

Patchy's Mutter, Miss Rosalia, war eine registrierte Vollblutstute und hat ihm möglicherweise seine Rennpferd-Veranlagung vererbt.

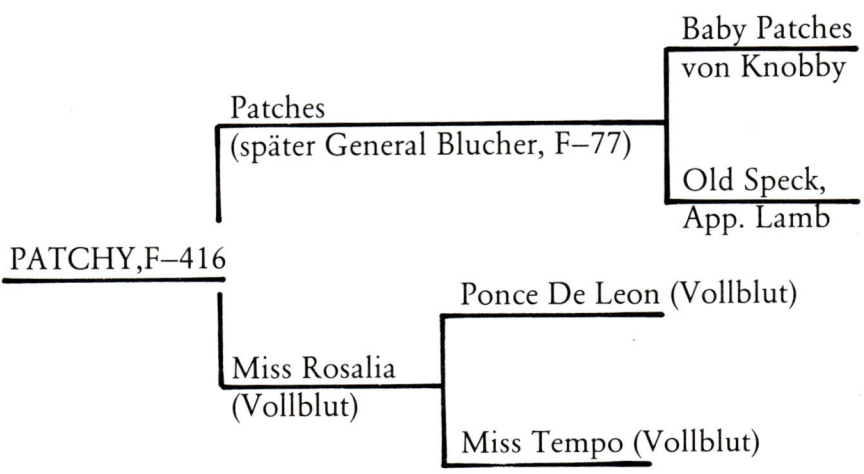

PATCHY war ein vielseitig veranlagtes Pferd. Er brachte Show-Siege, ging auf der Rennbahn und wurde erfolgreich als Deckhengst eingesetzt.

Lamb hat den Junghenst bereits 1942 an Herb Camp verkauft. Anfänglich wurde er nur als Ranchpferd benutzt, aber in späteren Jahren stellte er seine Begabung im Show-Ring unter Beweis. Der große Durchbruch zu seinem derzeitigen Bekanntheitsgrad kam mit der National Show 1948.

1950 erwarb dann Ben Johnson, ApHC Director des Territory III, den Hengst. Johnson konzentrierte sein gesamtes Zuchtprogramm nur auf Patchy, und so kommt es, daß die meisten seiner erfolgreichen Nachkommen von Johnson gezogen wurden. Nachdem er bereits mehr als

110

ein Dutzend Patchy-Champions hatte, verkaufte Johnson den halben Anteil dieses erfolgreichen Hengstes an den ehemaligen Präsidenten des ApHC, Don Imboden, auf dessen Farm Patchy die letzten 2 Jahre seines Lebens bis 1963 als Deckhengst eingesetzt wurde. Er hinterließ eine beeindruckende Anzahl an National-Gewinnern unter seinen Nachkommen.

Nachkommen:

GYPSY T 93 (geb. 1946)
Vater: Patchy F—416
Mutter: Lamb mare App.
Farbe: blue roan
1951 . . . . . . Grand Champion Mare, National Show, Lewiston, Idaho

Gypsy wurde von Guy Lamb aus einer seiner guten Appaloosa-Zuchtstuten gezogen. Sie war die erste von Patchy's Nachkommen, die einen großen Sieg, nämlich auf der National-Show 1951, einbrachte. Lamb verkaufte die Stute an Lee Manes, der sie als besonders gute Zuchtstute einstufte.

KEEKO F—1596 (geb. 1955)
Vater: Patchy F—416
Mutter: Sunray F—1277
Farbe: braun mit weißen Flecken über den Hüfen
1955 . . . . . . 1st Place Weanling Fillies, National Show,
Colorado Springs

Diese Stute war eine aus der langen Liste von National-Siegern, die auf der Appaloosa Ranch von Ben Johnson gezogen wurden. Keeko's Mutter war eines der anfänglichen Zuchtergebnisse aus Versuchen mit der Leopard-Blutlinie ‚Starbuck Leopard'. Es stellte sich später heraus, daß die Verbindungen zwischen der ‚Patchy'- und der ‚Starbuck'-Linie sehr erfolgreich waren.

PATCHY JR. F–1380 (geb. 1952)
Vater: Patchy F–416
Mutter: Leopard Lady F–167
Farbe: ‚bue roan' mit großer weißer Decke u. großen schwarzen
    Flecken auf Körper und Hüften
1953 . . . . . . 1st Place Weanling Stallion, National Show,
        Qincy, California

1954 . . . . . . Reserve Champion Stallion, National Show,
        Deer Lodge, Montana
        1st Place 2 year Stallion, National Show

1955 . . . . . . Grand Champion Stallion, National Show,
        Colorado Springs
        1st Place 3 year Stallion, National Show

1957 . . . . . . 1st Place Trail Horse, National Show, Canby, Oregon

Ben Johnsons Stärke als Züchter lag in der sorgfältigen Auswahl der Zuchtstuten verschiedener Appaloosa-Blutlinien.

Eine seiner Lieblingsstuten und zugleich eine seiner besten Zuchtstuten war ‚LEOPARD LADY', Patchy Jr.'s Mutter. Ihre ‚Starbuck Leopard'-Abstammung vererbte sich durch viele Generationen, denn viele von Patchy Jr.'s Nachkommen haben die gleiche Fellzeichnung geerbt und auch weitervererbt, selbst wenn sie für einfarbige Stuten benutzt wurden.

Patchy Jr. war ein starker Konkurrent im Show-Ring. Seine größte Stärke zeigte er in der ‚Reigning Class'.

Nachkommen:

PATCHY JR.'S LILA GLESKA (geb. 1956)
Vater: Patchy Jr. F–1380
Mutter: Gypsy
Farbe: silber-weiße Leopardstute mit vielen Flecken besprenkelt
1957 . . . . . . 1st Place Yearling Filly, National Show, Canby, Oregon

Von dieser Stute existiert eine nette Geschichte.

Lila Gleska wurde als Fohlen ungesehen von dem Kanadier Jo Warren per Telefon gekauft. Warren hatte sich wohl gedacht, daß aufgrund der Patchy-Abstammung ein paar hundert Dollar, für damalige Verhältnisse viel Geld für ein Jährlingsfohlen, gerechtfertigt waren. Um nun die weiten Distanzen zu überbrücken und da im Pferdetransporter zur National Show sowieso ein Platz frei war, vereinbarte man die Übergabe im Juni 1957 auf der National Show in Canby, Oregon. Der Verkäufer schaffte also das Pferdchen nach Oregon und Jo Warren nahm es dort in Empfang. Als nun Jo Warren sein Stutfohlen sah, fragte er sich ernsthaft, ob es das viele Geld wirklich wert sei. ‚Tweedy Pie', wie Lila Gleska vorher genannt wurde, war noch nicht registriert und sah ziemlich verwahrlost aus; ein langbeiniges Fohlen, dessen ungepflegter Schweif über den Boden streifte, mit zotteligem Fell und langer verfilzter Mähne. Warren entschloß sich zu einer radikalen Schönheitskur. Der struppige Pelz wurde abgeschoren, die Mähne verzogen und der Schweif bearbeitet. Am nächsten Tag gewann Lila Gleska die ‚Yearling Filly Class'.

Jo Warren hat sich von seinem ersten Schock erholt und es nie wieder bedauert, dieses Fohlen gekauft zu haben. Als Zuchtstute hat Patchy Jr.'s Lila Gleska sich mehr als bezahlt gemacht. Ihre Zuchtergebnisse zeigen deutlichen ‚Patchy'-Einfluß und brachten den Warrens viele Preise ein.

Patchy Jr.'s Lila Gleska wurde übrigens auch Champion auf der Canadian National Show.

PATCHY JR.'S SHAUN TONGA (geb. 1956)
Vater: Patchy Jr. F—1380
Mutter: Blossom F—1678
1964 . . . . . . Grand Champion Stallion, National Show,
        Albuquerque, New Mexico
        1st Place Aged Stallion, National Show

Ein auffällig gezeichneter Leopard, der die Fellzeichnung von ‚Leopard Lady' stark weitervererbte. Die Johnsons setzten diesen Hengst ebenfalls als Deckhengst ein.

LADY FINGER (geb. 1961)
Vater: Patchy Jr. F—1380
1965 . . . . . . 1st Place Jr. Reining, National Show,
        Sacramento, California

4. Die Mansfield Comanche-Familienlinie

MANSFIELD COMANCHE, F–3096
geboren 1933
Vater: Dr. Howard (Vollblut)
Mutter: Juanita (Appaloosa) v. Cortez (AQHA) v. Pancho Villa

Keine andere Foundation-Blutlinie hat eine so große Popularität und so viele erfolgreiche Nachkommen überall verstreut in den gesamten Vereinigten Staaten wie die Comanche-Linie. Es gibt wohl kaum einen unter den größeren Züchtern, der nicht auch Comanche-Blut in seinem Zuchtbestand hat.

Ursprünglich beabsichtigte Jack Mansfield gar nicht, speziell Appaloosa-Pferde zu züchten. Wie bei so vielen Ranchern bestand sein Interesse in erster Linie darin, gute Reitpferde für die täglich anfallenden Arbeiten auf seiner Ranch zu ziehen. Ungefähr um das Jahr 1900 kaufte sich Mansfield eine riesige Ranch in der Gegend des Rio Grande River. Auf den Weiden seines neu erworbenen Landes streiften große Herden wild lebender Pferde herum. Den Schätzungen nach grasten dort so um die 500 Stuten, die er nun mit dem Land übernommen hatte. Da er das Gras aber als Futter für seine Rinder benötigte, zäunte er sein Land weitgehendst ein und verschenkte oder verkaufte eine große Anzahl der sich darauf befindenden Pferde. Jack Mansfield bemerkte, daß viele von diesen Pferden gefleckt waren und ließ ein paar von den besseren Stuten einfangen, um aus ihnen seine eigenen Ranchpferde zu ziehen. Als Beschäler kaufte er sich ein paar gute Quarter-Horse-Hengste. Einer von diesen Hengsten war ‚CORTEZ', der Sohn des früheren Rennpferdes Pancho Villa. CORTEZ und einige andere hoch im Blut stehende Hengste sollten zur Veredelung der eingefangenen Stuten dienen.

Mit zunehmender Besiedelung des Landes wurden für die Rancher nun auch Vollblüter verfügbar, mit denen sie ihre Pferde veredeln konnten. Einer dieser Vollblut-Hengste, den Jack Mansfield für seine Stuten benutzte, war ‚DR. HOWARD'. Aus der Verbindung mit der ‚roan'-farbigen Appaloosa-Stute ‚JUANITA', einer Tochter von ‚CORTEZ', entstand das Pferd, das späterhin Geschichte machte, ‚MANSFIELD COMANCHE', der Stammvater der Dynastie der COMANCHE-Pferde.

Comanche's Farbe war dunkel-‚blue roan'. Er hatte eine große Decke, die sich bis zum Widerrist zog, mit einigen schwarzen Flecken darauf.

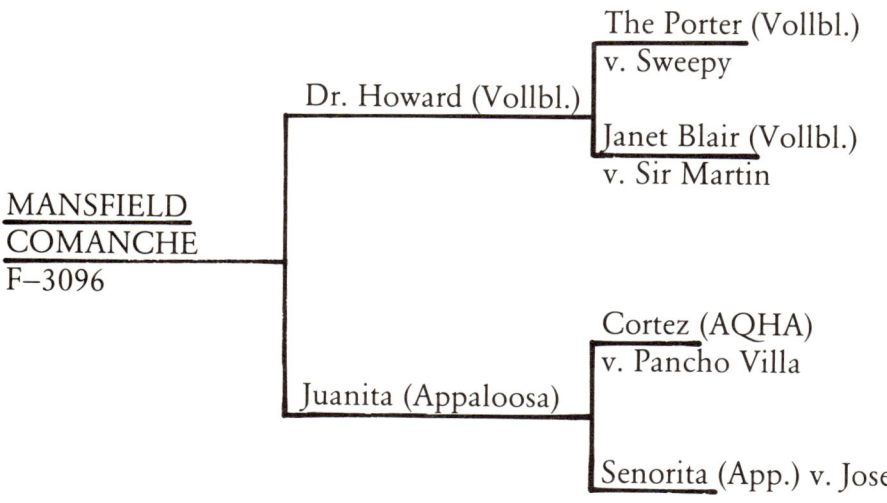

In den erfahrenen Augen von Jack Mansfield versprach ‚Comanche' ein guter Zuchthengst zu werden,und so wurde er im Gegensatz zu den meisten Hengstfohlen auf der Alamosa-Ranch nicht gelegt. Comanche, seine Mutter Juanita und noch ein paar andere ausgesucht gute Tiere wurden zu Manfield's neuer Ranchanlage bei Vega in Texas gebracht, und dort begann für den Junghengst sein Training zum Reitpferd für die Ranch. Comanche absolvierte seine täglichen Übungen mit Bravour. Sein Interieur war einwandfrei, und seine leicht auszusitzenden Gänge machten es zum Vergnügen, ihn stundenlang über die Ranch zu reiten. Da er auch hervorragend gebaut war, war man sich auf der Ranch einig, daß er es verdiente, mit seiner eigenen Stuten-Herde als Deckhengst zu laufen. Mansfield machte keinerlei Werbung für seinen jungen Deckhengst, noch ansonsten irgendein Aufsehen um ihn. Er ließ Comanche mit seiner Stutenherde auf den weiten Flächen seiner erst halbwegs kultivierten Ranch ganz einfach freien Auslauf. Niemand war im darauffolgenden Jahr von den vielen gefleckten Comanche-Fohlen im geringsten enttäuscht. Die Qualität der Fohlen war gut,und sie hatten jede Menge Appaloosa-Fellzeichnung.

Der ApHC und die Registrierung von Appaloosa-Pferden befanden sich zu dieser Zeit gerade in den Anfängen. Jack Mansfield jedoch hat bis kurz vor Comanche's Tod (1959) nicht einen seiner Appaloosas registrieren lassen. Anders hingegen Mansfield's Freunde und Bekannte, die von ihm Comanche-Nachkommen gekauft hatten und diese beim ApHC registrieren ließen. Es dauerte auch nicht lange, und Comanche's Nachkommen wurden auf den Shows bekannt und sehr begehrt.

Es ist ganz klar zu erkennen, daß Jack Mansfield's Zuchterfolge auf die kräftige Inzucht, die er mit seinem Hengst Comanche betrieb, zurückzuführen sind. Fast alle erfolgreichen Nachkommen wurden nach Schema A. oder B. gezogen, und häufig taucht der Name ‚Comanche' drei- oder viermal innerhalb eines Stammbaumes auf. Jedoch das Exterieur, Interieur und die Begabungen dieser Nachkommen sind gleichbleibend qualitativ hoch einzustufen. Es sind in der Regel weder Mängel noch Schwächen durch zu nahe Verwandtschaftsverhältnisse aufgetreten.

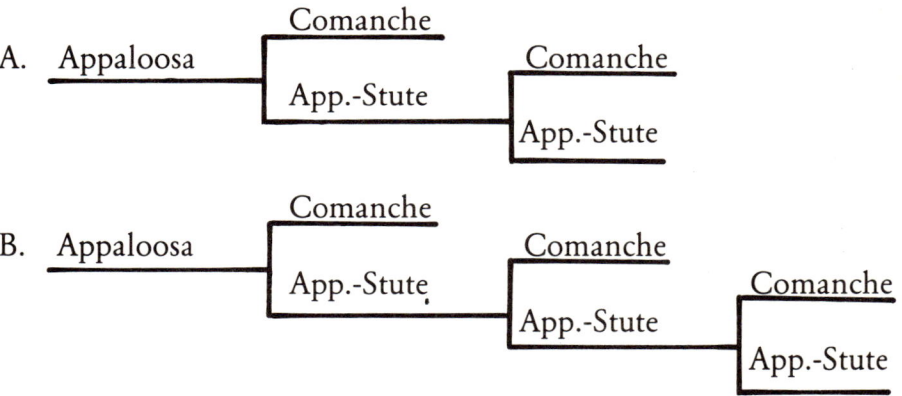

Die nach diesen Schemata gezogenen Pferde, gekreuzt mit Quarter-Horse, Vollblut oder nicht verwandten Appaloosa-Linien, erwiesen sich als bemerkenswert gute Hengste und Stuten.

COMANCHE selbst ist niemals im Show-Ring gezeigt worden. Sein Weg zur Berühmtheit ging durch die enorm hohe Anzahl von Fohlen, die er produzierte.

Weniger als 40 seiner direkten Nachkommen wurden damals registriert, und doch war sein Einfluß auf die Entwicklung der Appaloosa-Rasse so ausschlaggebend, daß er vom Beginn der Registrierung an nicht zu übersehen ist.

Mit ungeschwächter Vitalität lief Mansfield Comanche bis zu seinem 26. Lebensjahr als Zuchthengst mit seiner Herde. Bei einer Routine-Inspektion des Weidebestandes fand man ihn 1959 tot auf. Niemand weiß genau, woran der wertvolle Hengst wirklich gestorben ist. Mansfield nahm an, daß er vielleicht bei einem Unwetter durch einen Blitz getötet wurde.

Es würde zu umfangreich werden, über alle bemerkenswert guten Comanche-Nachkommen zu berichten. Nur einige können erwähnt werden. Zur möglichst einfachen Verdeutlichung ihres Verwandtschaftsgrades zum Stammvater COMANCHE kann nachstehende Skizze dienlich sein (siehe S. 132).

COMANCHE'S EQUAL T 3231
geb. 1952
Vater: Mansfield Comanche F–3096
Mutter: Loma (Appaloosa) v. Sheik (AQHA P–11)

Comanche's Equal wurde auf Mansfield's Ranch bei Vega in Texas geboren. Als 2jähriger zog er sich Beinbrüche zu und wurde aufgrund dessen zur Veterinärmedizinischen Hochschule der Universität Oklahoma gebracht. Er wurde dort 2 Jahre lang betreut und erholte sich von seinen Verletzungen, jedoch im Show Ring konnte er verständlicherweise nie gezeigt werden. Seinen Ruhm erlangte er durch seine Nachzucht. Comanche's Equal hatte viel Voll- und auch Quarter Horse-Blut in seinen Adern. Mehrere seiner Vorfahren waren bekannte Rennpferde (Peter Mc. Cue-AQHA = mütterlicherseits). Diese Veranlagung übertrug er auf seine Nachkommen, unter denen viele ‚Speed‘, ‚Halter-’ und ‚Performance-Champions’ zu finden sind.

,SILVER–N–GOLD'S EQUAL (v. Gold Strike's Equal) – 1972 National Halter Champion (3year-old-Stallion) und 1974 World Champion (Aged Stallion)
(Foto: ApHC)

GOLD STRIKE'S EQUAL

Vater: Comanche's Equal 3231 v. Mansfield Comanche
Mutter: Whirling Ex, Vollblut 557, 669

Die Vollbrüder Gold Strike's Equal und Silver Strike's Equal haben ihren Züchtern Jake und Bob Snipes zu ihrem Ruf verholfen, zu den führenden Züchtern von ,Racehorses' zu gehören. Jake und Bob besassen und züchteten Pferde wie Mansfield's Pay, Comanche's Applejack und Comanche's Equal.

Gold Strike's Abstammung ist eine Aufzählung von siegreichen Pferden, und ebenso siegreich sieht seine eigene Karriere aus. 1965 gewann er die ,World Wide Futurity' und von 1965 – 1968 hielt er den Renn-Rekord für 2jährige auf 350 yard in 18,4 Sek., dann 2. im World Wide Derby 1966 –, . . . etc. Aus 17 Starts auf der Rennbahn trug er 10 Siege davon, 5 zweite Plätze und 1 dritten Platz.

SILVER STRIKE'S EQUAL

geb. 1965

Vater: Comanche's Equal 3231 v. Mansfield Comanche
Mutter: Whirling Ex, Vollblut 557, 669

1968 . . . . . . 1st Place Three-Year-Old Stallions, National Show
             Grand Champion Stallion, National Show
1971 . . . . . . Grand Champion Stallion, National Show
             1st Aged Stallions, National Show
             1st Place Hunt Seat English Pleasure, National Show

Als 2–3jähriger wurde Silver Strike's Equal im Show Ring kaum gezeigt. Seine Besitzer, die Familie Snipes, gehörten zu den ‚Race-Horse'-Leuten, und so begannen sie mit seinem Training, noch bevor Silver über die Stalltür gucken konnte. Silver Strike's Equal war der vielversprechendste 2jährige seines Jahrgangs. Bei seinem ersten Rennen, einem Vorlaufrennen in Oklahoma, lief er 18,38 Sek. auf 350 yard. Beim Start zum Entscheidungslauf verletzte er sich unglücklicherweise am Kniegelenk und wurde deshalb 3. in dem Rennen. Wegen der Verletzung mußte er operiert werden, wurde aber nach einer Pause wieder ins Training genommen. 1968 wurde er Mithalter des Rekords auf 350 yard für Dreijährige. Im selben Jahr nahm Mr. Snipes ihn aus dem Renn-Training und meldete ihn zur 21. National Show in Oklahoma. Silver gewann die ‚Three-Year-Old-Class' und wurde zum National Grand Champion Stallion der Show.

Im Jahr 1969 kaufte dann Dan Miller II den Hengst zusammen mit seiner Halbschwester ‚Miss Goldigger' auf einer Auktion. Im darauffolgenden Jahr gewann Silver sämtliche Regional-Shows, an denen er teilnahm, und es waren viele und große Shows.

Da Silver so erfolgreich war, entschloß Dan Miller II sich, ihn als Deckhengst mit 10 Stuten auf die Weide zu bringen. Bis dahin war der Hengst immer umpflegt und umhegt worden, und als Dan Miller seinen Hengst endlich wieder hereinholte, kannte er ihn kaum wieder. Er wollte ihn in ‚Halter'-Kondition bringen, aber so, wie der Hengst aussah, schien das ein Unding zu sein. Man konnte die Rippen zählen, die Hufe waren brüchig und das Pferd allgemein in schlechtem Zustand. Es dauerte 4 Monate, bis er wieder aussah wie früher.

Seine ersten Plazierungen bekam er in English- und Western Pleasure.

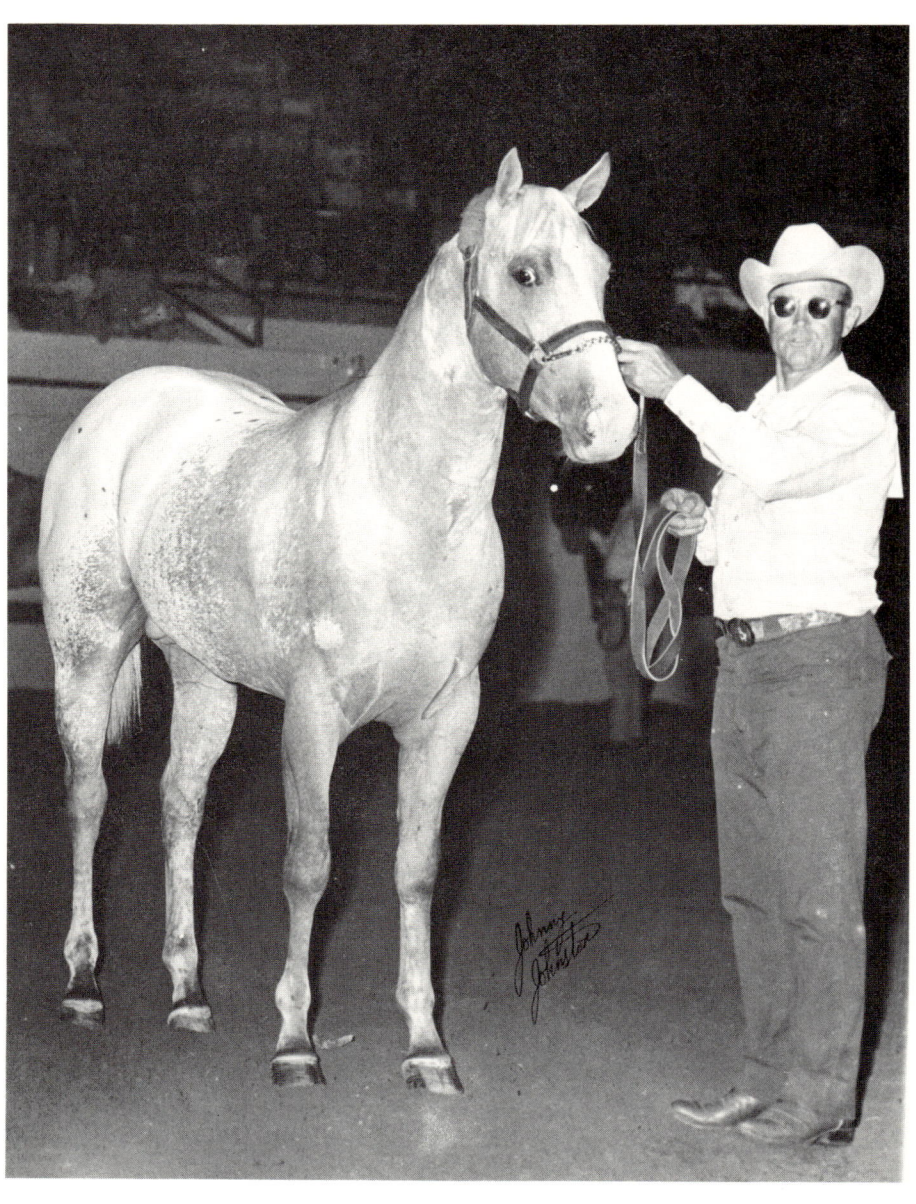

‚SILVER STRIKE'S EQUAL' (v. Comanche's Equal) – zweimal ‚National Grand Champion Stallion' – bewies als ‚Race-Horse' und ‚National Performance Winner' seine Vielseitigkeit. (Foto: ApHC)

„Das ist doch unmöglich", möchte man da sagen, „doch nicht P l e a -
s u r e, nachdem er 2 Jahre auf der Rennbahn gelaufen war!" Aber ja — er
ließ sich mit durchhängendem Zügel reiten, ließ andere Pferde überho-
len etc. . . . ein vorzügliches Pleasure-Pferd.

Dan Miller II hatte sich zum Ziel gesetzt, den ‚Grand Champion Na-
tional Title' zum zweiten Mal zu gewinnen. Kurz vor der 24. National
Show wurde Silver syndikalisiert. Silver gewann die National-Show als
Grand Champion, erlangte den 4. Platz in ‚Western Pleasure' und den 1.
Platz in ‚English Pleasure' aus 96 Teilnehmern in dieser Klasse. Silver
Strike's Equal ist wirklich ein Pferd, das bewiesen hat, wie vielseitig nicht
nur die Appaloosa-Rasse ist, sondern auch ein einzelnes Pferd dieser
Rasse sein kann.

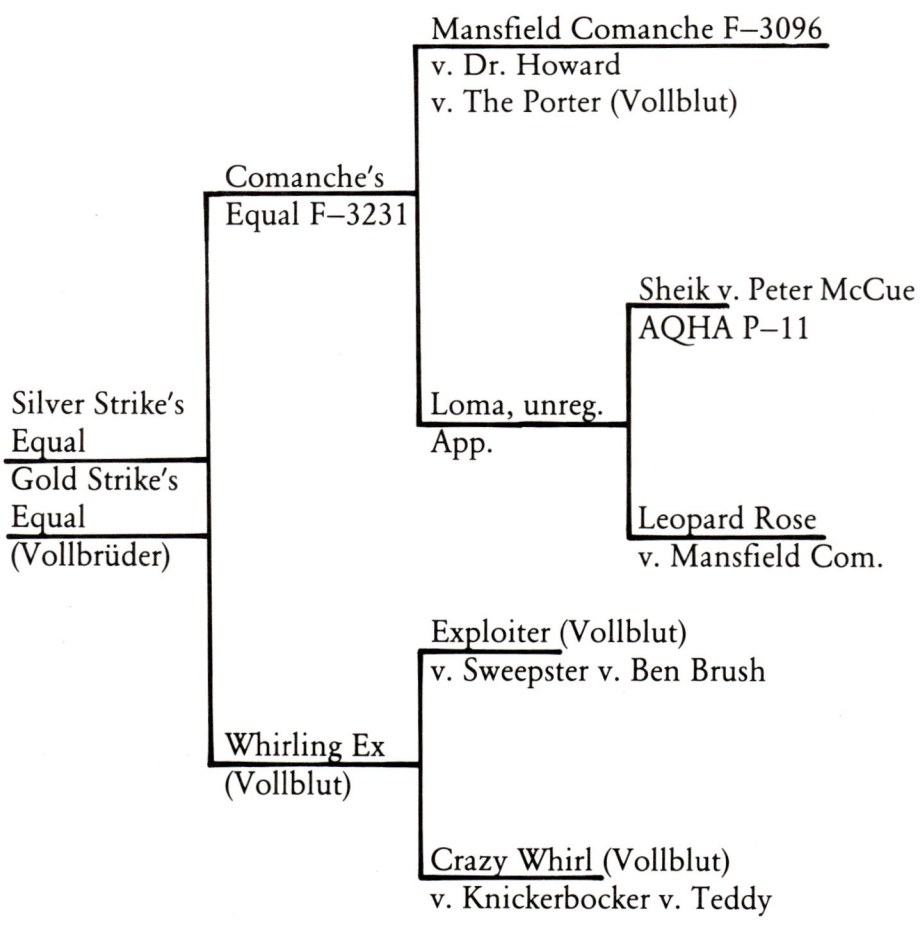

Silver Strike's Equal
Gold Strike's Equal
(Vollbrüder)

Comanche's Equal F–3231

Mansfield Comanche F–3096
v. Dr. Howard
v. The Porter (Vollblut)

Loma, unreg. App.

Sheik v. Peter McCue AQHA P–11

Leopard Rose
v. Mansfield Com.

Whirling Ex (Vollblut)

Exploiter (Vollblut)
v. Sweepster v. Ben Brush

Crazy Whirl (Vollblut)
v. Knickerbocker v. Teddy

OKLAHOMA F–2398
geb. 1952
Vater: Mansfield Comanche F–3096
Mutter: Pett M (App.)
Farbe: Rappe mit Decke

,Oklahoma' wurde von Jack Mansfield gezogen und in jungen Jahren an Mr. Howard Thompson in Oklahoma verkauft. 1965 hatte er 3 gute Nachkommen auf der Rennbahn, die seinen Namen berühmt machten: seine Tochter ,Chiquita Streak' und die Söhne ,Ghost of Comanche' und ,Little Wolf'. Ein weiterer Sohn ,Comanche Fingerprint' holte sich ein Championat in Texas und tat sich im ,Cutting' hervor.

Auch ,Ghost of Comanche' hatte erfolgreiche Nachkommen wie ,What's Up Ghost' und ,Ghost's Gayla'.

DOUBLE SIX DOMINO F–2646
geb. 1943
Vater: Mansfield Comanche F–3096
Mutter: Susan (unreg.) v. Mansfield Comanche
1963 . . . . . . 5th Leading Money-Earning Race Sire
1965 . . . . . . 3th Leading Money-Earning Race Sire
1966 . . . . . . 5th Leading Money-Earning Race Sire
1967 . . . . . 10th Leading Race Sire of Winners
1959 . . . . . . 1st Place Get of Sire, National Show
1970 . . . . . . 1st Place Get of Sire, National Show

Double Six Domino war ein stattliches Pferd mit athletischem Körperbau, der typischen Quarter-Horse Bemuskelung und edlem Ausdruck. Von Farbe war er ,blue roan' mit Flecken und wirkte fast wie ein Leopard.

Er wurde ausschließlich für die Zucht verwendet, und seine Fohlen waren durchweg besser als er selbst. Er zeugte viele National-Champions und erfolgreiche Rennpferde, die ihm den Titel ,Leading Sire' einbrachten.

Domino wurde 28 Jahre alt und starb 1971 in Florida.

WHISTLE BRITCHES F–2496
geb. 1949
Vater: Double Six Domino F–2646
Mutter: Freckles H, F–2319
Farbe: Fuchs mit großer weißer Decke und verschieden großen Flecken
darauf.

‚Whistle Britches' wurde in New Mexico von Pete Smith gezogen. Als
Stammvater einer langen Liste von Appaloosa-Champions vererbte er
ebenfalls seine kontrastreiche Appaloosa-Fellzeichnung, obwohl er viel
Quarter Horse-Blut in sich trug (mütterlicherseits ging er zurück auf
‚One Eyed Waggoner' AQHA).

Seine Söhne ‚Navajo Britches' und ‚Yellow Jacket' und seine Tochter
‚Little Britches' waren ‚National Halter Winner'. Seine zahlreichen
Nachkommen gewannen und gewinnen noch heute auf vielen Shows
und in allen Klassen, und seine Töchter sind begehrte Zuchtstuten. Ei-
nes der besten Pferde aus der gesamten ‚COMANCHE'-Linie ist wohl
‚Whistle Britches' bekannter Sohn ‚Navajo Britches'. (s. Bericht).

Genau wie Whistle Britches Vater ‚Double Six Domino' hat er selbst
den Besitzer oftmals gewechselt und vielen bekannten Züchtern gehört.
Carl Miles z. B., der ‚Joker B.' berühmt machte, besaß Whistle Britches
und stellte ihn auf den großen Midwest Appaloosa Shows vor, wo er gegen die besten Pferde seiner Zeit antrat und gewann.

Sein endgültiges Zuhause fand er im vorgeschrittenen Alter auf der
‚Eagle's Nest Ranch' bei den McClendons, wo er im Alter von 25 Jahren
noch immer mit einer Stutenherde lief.

BUTTONS B. F–1681
geb. 1950
Vater: Double Six Domino
Mutter: Bluebird B, F–1687 v. Comanche Applejack F–158 v.
Comanche Equal T 3231
1958 . . . . . . 1st Place Get of Sire, National Show
Schon als junger Mann interessierte sich Elvin Blevins für Appaloosa-Pferde. Er wuchs auf der Viehranch seines Vaters in New Mexico
auf und kaufte den Grundstock für seine Zucht von seinem Nachbarn

Pete Smith (Züchter von Whistle Britches). Der größte Anteil von Pete's Pferden ging auf die Mansfield-Zucht zurück, und da diese erfolgreich war, so war es nur zu natürlich, daß auch Elvin sich auf diese Blutlinie konzentrierte.

Anfang der 50er Jahre erwarb er den Junghengst ‚Buttons B.', und kurz darauf bot sich ihm die Gelegenheit, eine eigene Ranch in Oklahoma zu kaufen. Elvin Blevins verlagerte also seine Appaloosa-Zucht einschließlich des 2jährigen Hengstes „Buttons B" auf die ‚Beau Chevel Ranch' nach Oklahoma.

Buttons B gewann einige ‚Halter'-Championate sowie ‚Cutting'- und ‚Roping'-Wettbewerbe.

Seine eigentliche Bedeutung gewann er als Vater vieler ‚Halter'- und ‚Performance'-Gewinner. Nach Elvin's Aussagen hat sein Hengst ‚Buttons B.' die Ranch ‚Beau Chevel' bezahlt mit dem Geld, das Elvin für den Verkauf seiner zahlreichen guten Fohlen bekam.

Nachkommen:

Q u a v o B (1956)
1958 . . . . . . Reserve Champion Stallion, National Show
            1st Place Two-Year-Old, National Show

T e q u i l a (1954)
1958 . . . . . . 1st Place Aged Mares, National Show

B u t t o n s N a v a j o (1962)
1971 . . . . . . 1st Place Rope Race, World Playoffs

D u s t y W a r r i o r
1966 . . . . . . 1st Place Sr. Barrels, National Show

P o t e e t B
Vater von National-Siegern

124

NAVAJO BRITCHES F–2709
geb. 1952 (in Reg. fälschl. 1953)
Vater: Whistle Britches F–2492
Mutter: Trammel's Rusty (Quarter mare)
1958 . . . . . . Grand Champion Stallion, National Show
     1st Place Aged Stallion, National Show
1963 . . . . . . Leading Money-Earning Race Sire
1964 . . . . . . 2nd Leading Money-Earning Race Sire
1965 . . . . . . Leading Money-Earning Race Sire
1966 . . . . . . 4th Leading Money-Earning Race Sire
1967 . . . . . . 4th Leading Money-Earning Race Sire
1968 . . . . . . 4th Leading Money-Earning Race Sire

‚NAVAJO BRITCHES' Grand Champion Stallion 1958. Obwohl es damals erst wenige Shows gab, gewann er von 1958 – 1962 über 100 Shows.

(Foto: ApHC)

,Trammel's Rusty', Navajo's Mutter, wurde ungefähr 1928 geboren, noch bevor der AQHA gegründet wurde. Sie hatte eine gute Abstammung und war von Ned Smith, einem Cousin von Pete Smith aus New Mexico, gezogen. Rusty wurde für alles mögliche eingesetzt, jedoch in erster Linie war sie ein hervorragendes Rennpferd und half in den schweren 30er Jahren den Smith's beim Verdienst ihres Lebensunterhalts. Jahrelang zogen sie mit Rusty von Rennplatz zu Rennplatz, wetteten und gewannen, bis Rusty ungefähr 15 Jahre alt war. Man muß dazu sagen, daß die damaligen Rennen nicht mit den heutigen vergleichbar sind. Sie spielten sich oft auf dem Dorfplatz oder der Dorfstraße ab und dienten als eine Art Volksbelustigung.

Ungefähr 18jährig wurde Rusty zum ersten Mal gedeckt und brachte in den folgenden Jahren 3 oder 4 Quarter-Horse-Fohlen. Pete Smith, der 1951 noch ,Whistle Britches' besaß, überredete seinen Cousin, die nun schon alte Stute Rusty mit seinem Hengst zu belegen. Das Resultat war der wunderbare Hengst ,Navajo Britches', von dem sein späterer Besitzer Bill Hudlow behauptete, er sei mindestens 20 Jahre besser als andere Appaloosas, die in seiner Zeit geboren wurden.

Gerade eingeritten, wurde N a v a j o B r i t c h e s an Riley Miller verkauft, der ihn dann 5jährig an Carl Miles weiterverkaufte. Carl Miles besaß zu dieser Zeit auch seinen Vater, ,Whistle Britches', den er auf vielen Shows vorstellte, wobei er Navajo Britches dann teilweise auch mitnahm. Navajo entwickelte sich zu einem der besten Calf-Roping Pferde. Bill Hudlow, der ihn gelegentlich vorritt und schon lange versucht hatte, ihn zu kaufen, bekam ihn dann endlich im Frühjahr 1958. Im August 1958 stellte er ihn auf der National Show in Hutcheson, Kansas vor und gewann den ,Grand Champion' Titel. In den Jahren 1958–1962 nahm Bill Hudlow an vielen Shows teil. In dieser Zeit gewann er mit ihm über 100 Shows, und da Navajo Britches nun 10 Jahre alt war, wollte er ihm seine verdiente Ruhe gönnen. Mittlerweile waren auch Navajo's Nachkommen auf den Shows vertreten und zeigten, wieviel Begabung sie von ihrem Vater geerbt hatten.

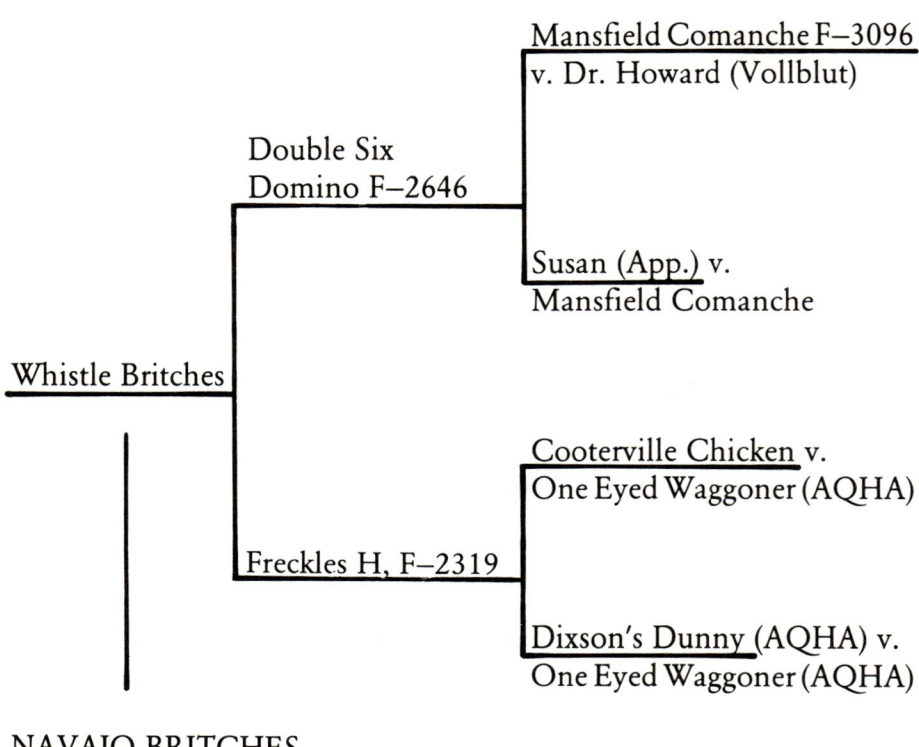

Whistle Britches

Double Six
Domino F–2646

Mansfield Comanche F–3096
v. Dr. Howard (Vollblut)

Susan (App.) v.
Mansfield Comanche

Freckles H, F–2319

Cooterville Chicken v.
One Eyed Waggoner (AQHA)

Dixson's Dunny (AQHA) v.
One Eyed Waggoner (AQHA)

NAVAJO BRITCHES

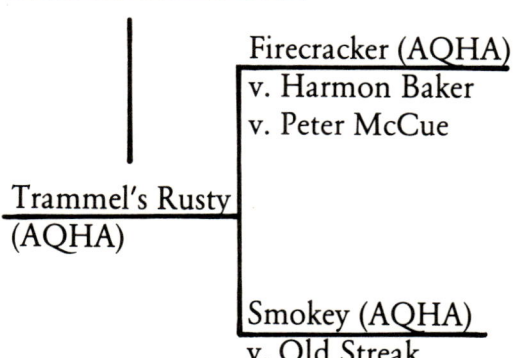

Trammel's Rusty
(AQHA)

Firecracker (AQHA)
v. Harmon Baker
v. Peter McCue

Smokey (AQHA)
v. Old Streak

Nachkommen:

A r a p a h o B r i t c h e s (1959)
1960 . . . . . . 1st Place Yearling Stallion, National Show

B o o m e r B r i t c h e s (1962)
1965 . . . . . . 1st Place 3-Year Old Stallion, National Show

B r i d g e t t e B r i t c h e s (1962)
1964 . . . . . . Res. Champion Mare, National Show
            1st Place Ladie's Western Pleasure, National Show

L i t t l e N a v a j o B r i t c h e s (1969)
1972 . . . . . . 1st Place Jr. Reining, National Show

N a v a D o l l y (1956)
1969 . . . . . . Res. Champion Mare, National Show
            1st Place Two-Year-Old Mare, National Show

N a v a j o D u s t y B r i t c h e s (1964)
1970 . . . . . . 1st Place Heading an Healing, National Show
1971 . . . . . . 1st Place Rope Race, National Show
1972 . . . . . . 1st Place Rope Race, National Show

CALIENTE JR. 16, 558
geb. 1960
Vater: Caliente v. Mansfield Comanche
Mutter: Kiowa Lady v. Leah v. Mansfield Comanche
Farbe: Stichelhaariger Fuchs

Bill und Ruby Blair aus Kansas kauften Caliente Jr. als Jährling. Mit 2 Jahren wurde er eingeritten, und schon auf seiner ersten Show wurde er ‚Reserve Champion Performance Horse'. Im gleichen Jahr deckte der 2jährige Caliente Jr. 6 Stuten, und unter seinen ersten Fohlen, die 1963 zur Welt kamen, war der so erfolgreiche ‚Caliente Baldy'.

Seine eigene Karriere wurde leider durch einen Unfall im Jahr 1965 unterbrochen. Er mußte für längere Zeit in die Veterinärmedizinische Klinik in Kansas.

Zu dieser Zeit war Caliente Baldy noch keine 2 Jahre alt, wurde aber eingeritten, da Caliente Jr. ausgefallen war. In Amerika werden die Pferde sowieso generell früher eingeritten, als es hierzulande üblich ist. Die Bemerkung, daß ein 4jähriger doch ein altes Pferd sei, habe ich von amerikanischen Trainern des öfteren zu hören bekommen.

Caliente Baldy qualifizierte sich für die ‚World Playoffs' und stellte unter Beweis, daß er ein hervorragendes ‚Performance Horse' war. Debbie Bloom, die den Wallach in der Jugend-Klasse vorstellte, erwarb ihn, da sie ihn lieb gewonnen hatte, und war seitdem unter den Siegern. Außer seinen Siegen auf den ‚World Playoffs' und auf den ‚National Shows' gewann Debbie einige hundert Schleifen und Trophäen auf Regional Shows in ‚Halter' und ‚Performance'.

Caliente Jr. wurde auch nach seinem schlimmen Unfall noch vorgestellt, und obwohl seine Verletzungen nicht spurlos verheilt waren, brachte er weitere Siege ein.

Nachkommen:

‚C a l i e n t e B a l d y' (1963)
1966 . . . . . . 1st Place Rope Race, World Playoffs
1970 . . . . . . 1st Place Rope Race, World Playoffs
1971 . . . . . . National Champion Performance Horse
1971 . . . . . . 1st Place Stake Race, National Show
            1st Place Heading and Heeling, National Show

C a l i e n t e R e v e l (1967)
1971 . . . . . . Reserve Champion Performance, National Show
1972 . . . . . . Champion Performance Horse, National Show
            1st Place Trail Class, National Show

H o t C o t t o n (1965)
1970 . . . . . . 1st Place Open Jumper, World Playoffs

HIGH SPOT, F 3559
geb. 1955

Grundfarbe: Fuchs, fast Leopard mit fuchsfarbenen Flecken auf Körper und Kopf.

High Spot wurde auf der Mansfield Ranch geboren und mit seiner
Mutter als Fohlen bei Fuß verkauft. Später erwarb ihn dann Dr. J.V. Miller aus Texas. Dr. Miller konzentrierte sein Zuchtprogramm auf High
Spot und führte ihm nur bestes Stutenmaterial und zwar vorwiegend
Quarter-Horse-Stuten zu. Dank seines großen Comanche-Blutanteils
hatte High Spot eine besonders starke Vererbungsanlage. Seine vielen
Halb-Quarter-Horse-Produkte sehen, bildlich gesprochen, aus, als wären
sie alle in derselben Form gegossen, nur ihre Fellzeichnungen sind verschieden.

High Spot bewies, daß er einen besonders hohen Zuchtwert hatte.
Alle seine Nachkommen zeugen von Comanche-Herkunft.

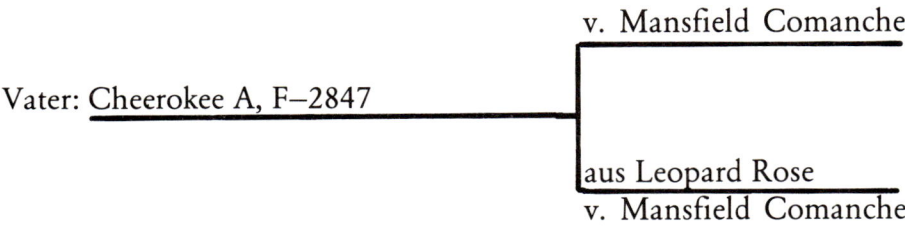

v. Mansfield Comanche

Vater: Cheerokee A, F−2847

aus Leopard Rose
v. Mansfield Comanche

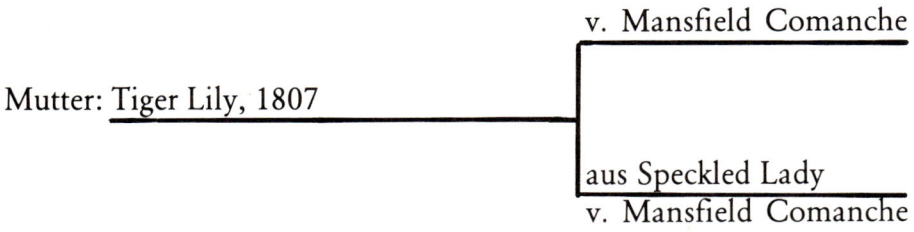

v. Mansfield Comanche

Mutter: Tiger Lily, 1807

aus Speckled Lady
v. Mansfield Comanche

Nachkommen:

High Time (1961)
1964 . . . . . . 1st Place Reining, World Playoffs

High Stake (1958)
1961 . . . . . . Grand Champion Stallion, National Show
            1st Place Three-Year-Old Stallion, National Show
1962 . . . . . . Grand Champion Stallion, National Show
            1st Place Aged Stallion, National Show

Sugar Hi Bar (1967)
1968 . . . . . . 1st Place Yearling Filly, National Show

Sugar Hi Spot (1962)
1964 . . . . . . Grand Champion Mare, National Show
            1st Place Two-Year Old Mare
1968 . . . . . . Grand Champion Mare, National Show
            1st Place Aged Mare, National Show

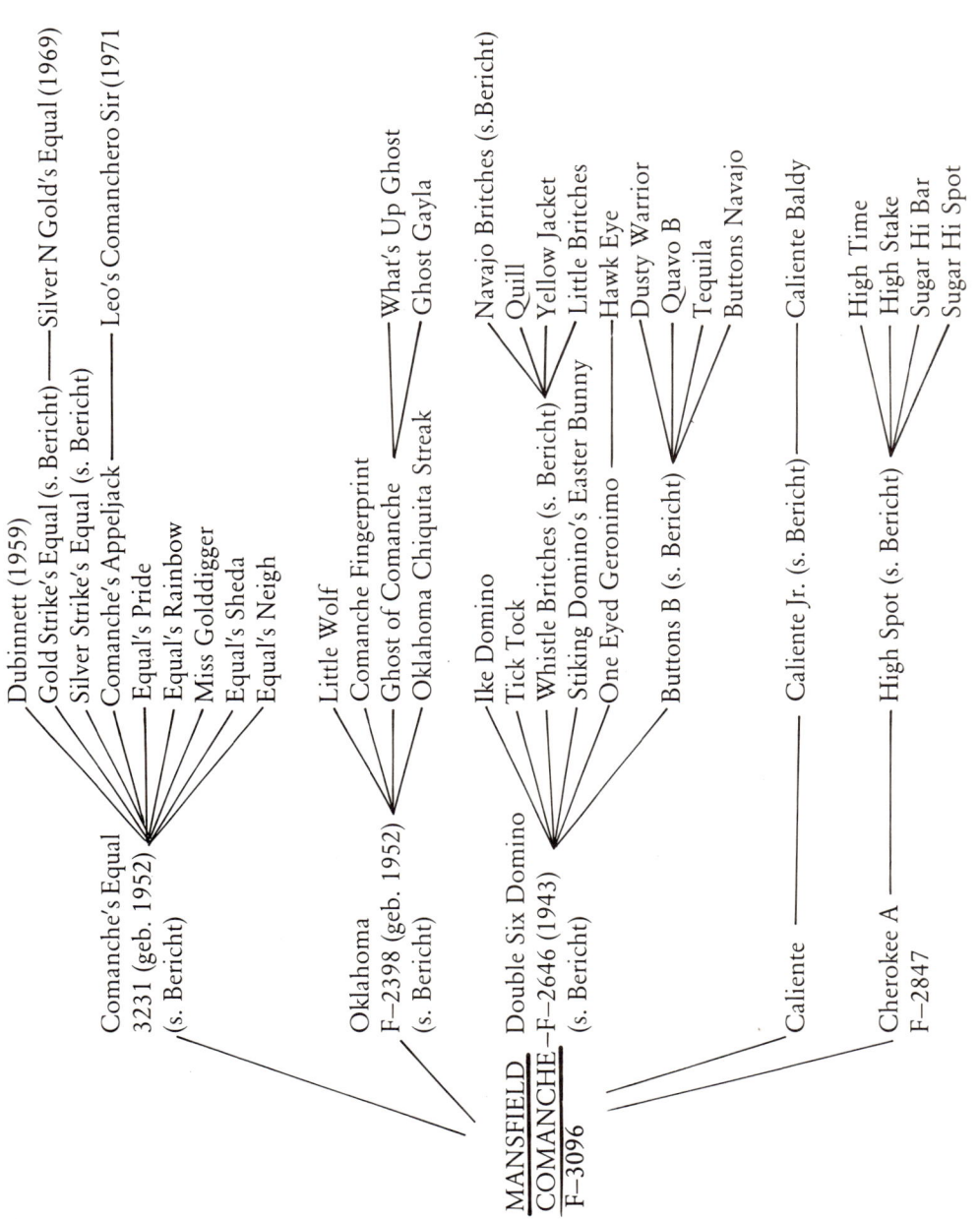

Dubinnett (1959)
Gold Strike's Equal (s. Bericht) —— Silver N Gold's Equal (1969)
Silver Strike's Equal (s. Bericht)
Comanche's Appeljack —————— Leo's Comanchero Sir (1971
Equal's Pride
Equal's Rainbow
Miss Golddigger
Equal's Sheda
Equal's Neigh

Comanche's Equal
3231 (geb. 1952)
(s. Bericht)

Little Wolf
Comanche Fingerprint
Ghost of Comanche ———————— What's Up Ghost
Oklahoma Chiquita Streak ———— Ghost Gayla

Oklahoma
F–2398 (geb. 1952)
(s. Bericht)

Navajo Britches (s. Bericht
Quill
Yellow Jacket
Little Britches
Hawk Eye
Dusty Warrior
Quavo B
Tequila
Buttons Navajo

Ike Domino
Tick Tock
Whistle Britches (s. Bericht)
Stiking Domino's Easter Bunny
One Eyed Geronimo
Buttons B (s. Bericht)

Double Six Domino
F–2646 (1943)
(s. Bericht)

Caliente Baldy

Caliente Jr. (s. Bericht)

Caliente

High Time
High Stake
Sugar Hi Bar
Sugar Hi Spot

High Spot (s. Bericht)

Cherokee A
F–2847

MANSFIELD
COMANCHE
F–3096

5. Die Apache-Familienlinie

Es ist nicht weiter verwunderlich, daß Appaloosa-Pferde auch auf der Rennbahn gehen. Es war doch eine der Grundanforderungen, die die Nez Perce an ihre Pferde stellten, daß sie schnell sein mußten. Die Indianer waren von ihren Pferden abhängig. Sie brauchten sie zum Bestreiten ihres hauptsächlichen Lebensunterhalts, dem Jagen der Büffel, die sie mit ihren Pferden einholen mußten.

Obwohl die Indianer die ersten waren, die die Schnelligkeit der Appaloosas erkannten, so profitierten doch sehr bald auch die frühen Rinderzüchter und Cowboys davon.

Die berühmte Stute ,T r i x i e', (Mutter von Toby I) machte sich mit ihrer Schnelligkeit einen Namen, lange bevor Appaloosa-Pferde registriert wurden. Jahrelang wurde sie auf Volksfesten zur Schau geritten und brachte ihrem Besitzer hohe Summen an Wettgeldern ein. Außerdem benutzte man sie für den Transport von illegalem Whisky zur Zeit des Alkoholverbots, denn auch hierfür wurde ein schnelles Pferd benötigt.

,P a p o o s e' (1923), die sagenhafte Renn-Stute der Peavy's, war eines der besten Rennpferde ihrer Zeit, das man je in Colorado gesehen hatte. Spezielle Appaloosa-Rennen gab es zu der Zeit noch nicht. Die Rennen wurden gegen alle Rassen ausgetragen.

Ein anderes in Colorado gezogenes Pferd war der allen bekannte ,Joker B', der seine Karriere als Rennpferd erst mit 8 Jahren begann und, obwohl er gegen einige der besten 2- und 3jährigen Colorado-Pferde antrat, ständig Geldsummen für seine Siege heimbrachte.

Von allen diesen schnellen Pferden aus früher Zeit kommt in der Bedeutung keines an ,APACHE' heran. Sein Name als Sieger erscheint in keiner Rennbahnstatistik, denn seine Zeit lag noch vor der offiziellen Anerkennung von Appaloosa-Rennen. Apache nahm generell an Rennen teil, die für alle Rassen offen waren. Das heutige System mit allgemein anerkannten Rennbahnregeln gibt es für Appaloosas erst seit 1962.

Seine große Bedeutung liegt aber auch in seinem großen Vererbungsvermögen.

Er bekam relativ wenig Stuten zugeführt, aber der prozentuale Anteil seiner erfolgreichen Nachkommen liegt sehr hoch. Sein Name taucht in vielen Stammbäumen berühmter Rennpferde auf, von denen hier jedoch nur einige wenige genannt werden können. Apache hat sich seinen Ruhm nicht durch die Quantität, sondern, was viel wichtiger ist, durch die Qualität seiner Nachkommen verdient, ganz abgesehen von den hervorragenden Leistungen, die er selbst durch seine vielen National-Siege bewies.

APACHE F-730
geb. 7.7.1942
Vater: Better Still (Vollblut)
Mutter: Queen (App. unreg.)
Farbe: Fuchs mit gefleckter Decke
1949 . . . . . . Res. Champion Performance Horse, National Show,
Lewiston
1950 . . . . . . Res. Champion Performance Horse, National Show,
Lewiston
1951 . . . . . . Grand Champion Performance Horse, National Show
1952 . . . . . . Res. Champion Performance Horse, National Show,
Qincy, Cal.,
1954 . . . . . . Grand Champion Stallion, National Show, Deer Lodge,
Montana
Res. Champion Performance Horse, National Show
1956 . . . . . . Res. Champion Performance Horse, National Show,
Elko, Nevada
1959 . . . . . . National Premier Sire of Performance Horses
1963 . . . . . . 2nd Leading Sire of Race Winners
1964 . . . . . . 4th Leading Sire of Race Winners
1967 . . . . . . 4th Leading Sire of Race Winners

APACHE wurde auf Orville Sears Ranch in Idaho geboren. In den letzten 40er und 50er Jahren nahm er in Idaho, Nevada und Utah an vielen Rennen teil, die für alle Rassen offen waren. Er gewann gegen einige der besten Quarter-Horses und Vollblüter. Er hatte gute Nerven, war beständig, und seine Siege waren ganz einträglich.

Jedoch war er nicht nur schnell im Rennen. Er war ebenso vielseitig, wie die Anzahl seiner National-Siege beweist. Apache's Fähigkeiten, schon allein im Hinblick auf seine ,Performance'-Siege, machten ihn zu einem unvergleichbaren Pferd.

Wie bei so vielen der frühen Hengste wurde für ihn niemals Werbung gemacht. So kam es, daß er nur eine begrenzte Anzahl an Stuten zugeführt bekam. Er hinterließ ungefähr 100 direkte Nachkommen, von denen viele auf der Rennbahn, aber auch in ‚Performance' erfolgreich waren. Bis zu seinem Tod am 10.7.1964 wurde seine wirkliche Bedeutung für die Rasse auf größerer Ebene gar nicht richtig erkannt.

Nach Apache's Tod veröffentlichte die Appaloosa News einen Artikel von George Hatley, aus dem ich einen Satz zitieren möchte. Ins Deutsche übersetzt, würde er nicht das aussagen, was Hatley zum Ausdruck bringen wollte:

„We come to feel towards great horses like we feel towards great people; we wish they could live forever. The Appaloosa breed was most fortunate to have Apache ... “

‚APACHE, F–730' war als Foundation -‚Performance-Champion' unschlagbar. Außerdem ging er Rennen und war ein hervorragender Vererber.
(Foto: ApHC)

Nachkommen:

FLAKE T–1216
geb. 1949
Vater:Apache F–730
Mutter: Trixie, (App.)
1959 . . . . . . Champion Cutting Horse, National Show, Santa Barbara,
1960 . . . . . . Res. Champion Cutting Horse, Nat. Show, Sioux City
   Dieser Wallach wurde von der Familie Sears aufgezogen und bewies
seine Fähigkeit als Cutting-Horse. Er war der einzige, der die AQHA-
Champion Cutting-Stute, Poco Lena, besiegte.

WHIT T–1215
geb. 1948
Vater:Apache F–730
Mutter: Snip (App.)
1956 . . . . . . Res. Champion Halter Gelding, National Show, Elko

APACHE KING S, 10, 858
geb. 1959
Vater:Apache F–730
Mutter: Mapaline
1963 . . . . . . App. Race Horse with the Most Wins
                WORLD RECORD, 500 yd/27.4
1964 . . . . . . WORLD RECORD, 3 1/2 fur/42.5
1966 . . . . . . 2nd Leading Sire of Race Winners
1967 . . . . . . Leading Sire of Race Winners
                8th Leading Race Sire by Money Earned
1968 . . . . . . Leading Sire of Race Winners
                6th Leading Race Sire by Money Earned
1969/70   2nd Leading Sire of Race Winners
1971 . . . . . . Leading Sire of Race Winners
   Der Star des Joe King Race Stable in Idaho, Apache King S, startete
36mal auf der Rennbahn und gewann davon 28 Rennen. Als 2nd Lea-
ding-All-Time Appaloosa Race Sire (Stand 1972) wurde er seinerzeit
nur von seinem Halbbruder Chicaro übertroffen. Leider starb Apache
King S schon 1970 an einer akuten Nierenentzündung.

CHICARO F 2028
geb. 1956
Vater: Apache F–730
Mutter: Calico Babe N, F– 2077 v. Henry Grant (Vollblut)
1959 . . . . . . National Champion Race Horse, Santa Barbara,
              Californien
1963 . . . . . . 3rd Leading Sire of Race Winners
1965 . . . . . . Leading Sire of ,Leading' Race Winners
              2nd Leading Sire of Race Winners
              6th Leading Sire of Race Money Earners
1966 . . . . . . Leading Sire of ,Leading' Race Winners
              3rd Leading Sire of Race Winners
              7th Leading Sire of Race Money Earners
1967 . . . . . . 6th Leading Sire of Race Winners
              7th Leading Sire of Race Money Earners
1968 . . . . . . 5th Leading Sire of Race Winners

,CHICARO, F–2028' (v. Apache F–730)   *(Foto: ApHC)*

1969 . . . . . . 4th Leading Sire of Race Winners
1970 . . . . . . Leading Sire of Race Winners
1971 . . . . . . 4th Leading Sire of Race Winners
                Leading All-Time Sire of Race Winners (Stand 1972)

Chicaro, auch in Idaho gezogen, hat einen großen Beitrag zum Ansehen der Apache-Blutlinie geleistet. Seine eigenen Erfolge auf der Rennbahn reichen nicht ganz an die seines Halbbruders ,Apache King S' heran, aber durch die Siege seiner Nachkommen war er zum Stichjahr 1972
,Leading All-Time Race Sire' der gesamten Rasse. Chicaro's Mutter besiegte auf der National Show 1954 in Montana sowohl Joker B als auch
Apache. Die Besitzer der Stute wohnten unweit von Apache's Heimat in
Idaho, und was lag näher, als die gute Stute dort von Apache decken zu
lassen. Chicaro wurde 1956 als Fuchs mit weißen Schneeflocken geboren. Da über 90% seiner Nachkommen von Geburt an Appaloosa-Fellzeichnung trugen, kann man ihn als Spitzen-Farb-Vererber ansehen.
    Neben seinen Rennerfolgen gewann er 10 ,Regional Halter Cham-
pionships' und einige ,Performance'-Siege.

138

6. Die Joker B.-Familienlinie

Welcher Appaloosa-Freund hat nicht schon einmal etwas über JOKER B. gehört?

Er gilt als der berühmteste Appaloosa aller Zeiten. Seine Geschichte klingt wie ein Märchen. Es fängt an mit der bitteren Enttäuschung eines Züchters, der aus seiner vermeintlichen Quarter-Horse-Stute ein unerwünscht geflecktes Fohlen erhielt, und endet damit, daß dieses selbe Pferd durch seine bewiesenen Leistungen und hervorragenden Vererbungsanlagen zur großen Berühmtheit wurde.

JOKER B. F–678
geboren: 21. Juli 1941
gestorben: 13. Juli 1966
Vater: Red Dog (AQHA P–55)
Mutter: Blue Vitrol von Brown Dick (AQHA)

,JOKER B.' – Stammvater einer erfolgreichen Blutlinie – auf einem Gemälde von Carol Dickinson
(Foto: ApHC)

Joker B.'s Vater, Red Dog, war der ganze Stolz seines Besitzers Jack Casement. Im Gegensatz zu anderen Pferden, die vor einem Rennen nervös und aufgeregt waren, war ‚Red Dog' so ruhig, als ginge ihn das Ganze gar nichts an. Aber sobald das Rennen begonnen hatte, war er ganz vorne. Jack benutzte ihn auch für anfallende Rancharbeiten, und ‚Red Dog' führte alle Arbeiten willig aus. Um es kurz zu machen, Red Dog war Jack's Lieblingspferd, und als er die Roan-Stute ‚Blue Vitrol' dazukaufte, war seine Absicht, ein Quarter-Horse-Fohlen zu ziehen, das den Vater ‚Red Dog' noch übertreffen sollte.

Jack's Enttäuschung war groß. Das Fohlen war wohl gut gebaut, aber es hatte Flecken, und zu der Zeit – der Appaloosa-Horse Club steckte noch in seinen Anfängen – wurden gefleckte Pferde oftmals noch als Zirkuspferde verlacht. Warum mußte dies ausgerechnet ihm, der doch einen guten Namen als Züchter hatte, passieren? Ganz gewiß wollte er nicht, daß irgendjemand dieses Fohlen in seinem Bestand sah. Er schenkte es also seiner Frau, die es bei der nächstbesten Gelegenheit an einen Nachbarn verkaufte und sich für den Erlös von 250 Dollar einen Staubsauger besorgte. Sie glaubte, ein gutes Geschäft gemacht zu haben.

Jener Nachbar, Jack Blasingame, war ein gewitzter Pferdehändler und machte bereits nach 14 Tagen einen Profit von 500 Dollar, indem er das Fohlen, damals noch ‚Domino' genannt, an Bob Cantrell aus Nevada verkaufte. Auch Bob behielt das Hengstfohlen nur kurze Zeit. Er glaubte mit dem Kauf wohl doch einen Fehler gemacht zu haben und verkaufte ‚Domino' mit Verlust für 400 Dollar an Tommy Young aus Las Vegas, der dem Jährling seinen Namen JOKER gab.

Mit 2 Jahren wurde Joker eingeritten. Er hatte das ruhige, ausgeglichene Wesen von seinem Vater geerbt und wurde ein beliebtes Arbeitspferd für alle anfallenden Rancharbeiten. Nebenbei ließ man ihn kostenlos zahlreiche Stuten aus der Nachbarschaft decken, jedoch nicht eines dieser Fohlen – aus einer Zeitspann von ca. 4 Jahren – hatte Flecken.

1946 brachte ein Kalifornier namens Lee Berry seine Stute zum Decken. Tommy ließ ihn auf Joker reiten. Lee spazierte um Joker herum und musterte ihn immer wieder aus allen Blickwinkeln. Der Hengst gefiel ihm. Eigentlich wollte Tommy seinen Joker gar nicht verkaufen, und so nannte er einen Preis in Höhe von 1.500 Dollar, weil er glaubte, nur jemand ohne Verstand würde soviel Geld für einen Appaloosa bezahlen. Er hatte sich geirrt. Lee Berry bezahlte den geforderten Preis anstandslos und brachte seinen Hengst nach Kalifornien. Nach diesem Wechsel

JOKER B bei der Rancharbeit   (Foto: ApHC)

nun begann Joker erstaunlicherweise plötzlich gefleckte Fohlen zu zeugen. Lee Berry ließ Joker registrieren. Da jedoch bereits ein anderes Pferd unter diesem Namen eingetragen war, fügte er das ‚B' hinzu, das für den Anfangsbuchstaben seines Nachnamens steht.

Lee Berry behielt den Hengst 7 Jahre und verkaufte ihn dann 1953 für 1.500 Dollar an Bill Benoist aus Kalifornien. Bill stellte für Joker eine Herde guter Zuchtstuten zusammen. Joker war bereits 12jährig, aber noch immer ein starker Konkurrent im Rennen und auf Shows. Er errang viele Preise, und noch mit 19 Jahren gewann er ‚Halter'-Shows.

1959 wechselte Joker nochmals den Besitzer. Obwohl er bereits 18 Jahre alt war, zahlte sein neuer Besitzer, Carl Miles, 10.000 Dollar für ihn. Joker's beste Zeit begann. Carl Miles war außerordentlich stolz auf seinen Hengst und ließ es alle Welt wissen. Zur Ranch der Miles in Texas reisten die Leute von weit entfernt an. Joker B. war eine Berühmtheit. Seine Fohlen wurden für je 5.000 Dollar, damals ca. 20.000 DM, verkauft und brachten ein Vermögen ein. Sie waren ihr Geld aber auch wert. Joker's Nachzucht brachte National ‚Halter'- und ‚Performance'-Championate. Seine Töchter waren noch erfolgreicher als seine Söhne. ‚Joker's Moneca' lief 3 Renn-Rekorde und gewann 15 von 22 Rennen.

‚JOKER B.' errang zahlreiche Siege im Show-Ring und auf der Rennbahn. Noch mit 19 Jahren gewann er ‚Halter-Classes'. *(Foto: ApHC)*

Sie war auch die erste und einzige Appaloosa-Stute, die zum Decken bei dem berühmten Vollbluthengst ‚Top Deck' zugelassen wurde.

Im November 1965 wurde der 24jährige Joker für 26.500 Dollar syndikalisiert. Carl Miles behielt einen Viertelanteil an seiner Goldmine. Ungeachtet seines hohen Alters wurde er in der nächsten Decksaison wieder voll eingesetzt, aber die neuen Besitzer mußten schon nach einem halben Jahr den Verlust des wertvollen Hengstes einstecken.

Joker B. starb im Juli 1966 an einem Herzanfall. Begraben wurde er auf Horlock's Cedar Hill Farm in Texas. Joker's Einfluß auf die Appaloosa-Rasse ist unbestreitbar,und seine Nachkommen haben ihren Wert bewiesen.Nach wie vor sind sie unter den Gewinnern auf großen Shows, und die meisten stechen durch ihre Ausgeglichenheit,ihr ruhiges Wesen und besonders ausgewogenes Gebäude hervor.

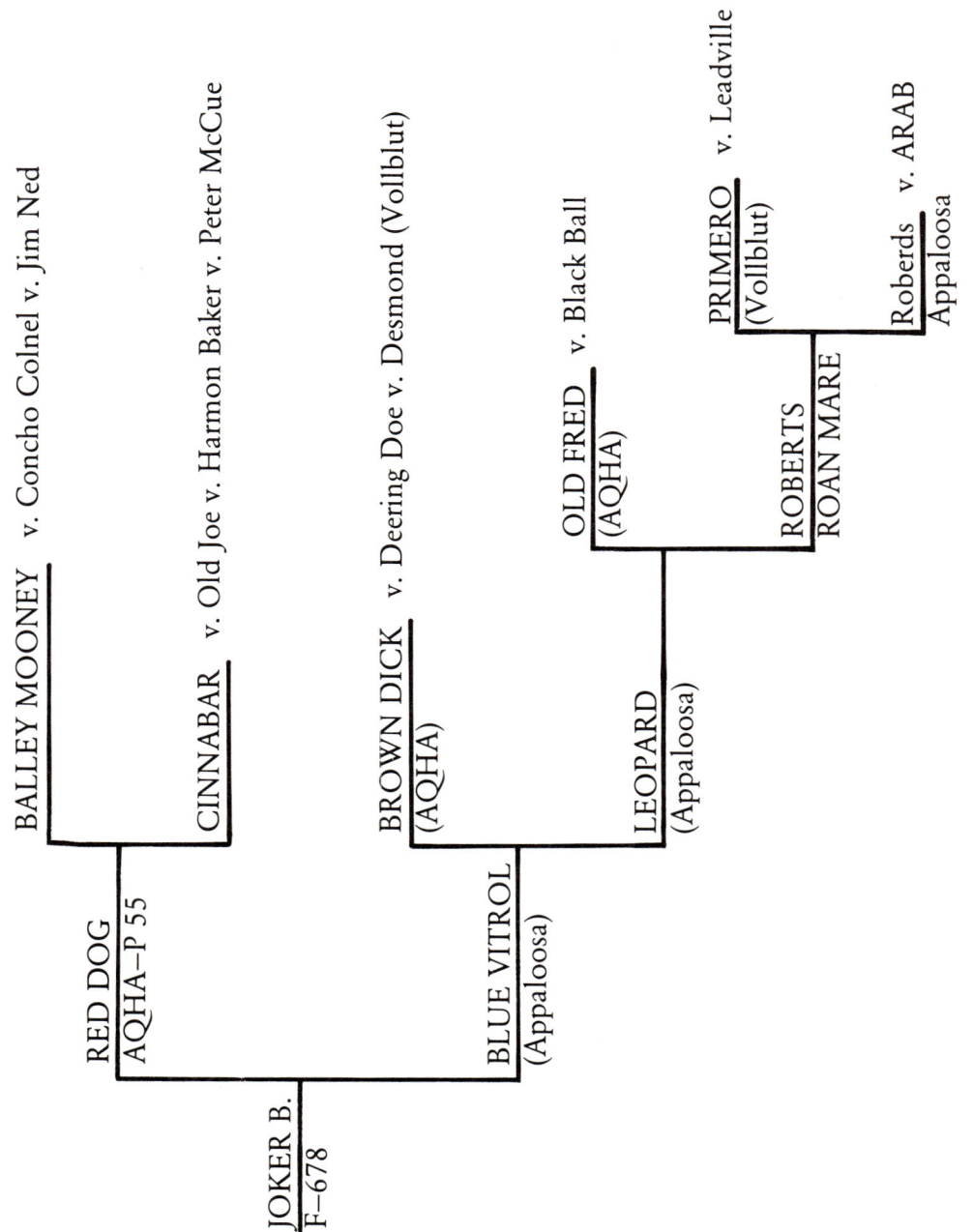

JOKER B.
F–678

RED DOG
AQHA–P 55

BLUE VITROL
(Appaloosa)

BALLEY MOONEY   v. Concho Colnel v. Jim Ned

CINNABAR   v. Old Joe v. Harmon Baker v. Peter McCue

BROWN DICK
(AQHA)   v. Deering Doe v. Desmond (Vollblut)

LEOPARD
(Appaloosa)

OLD FRED
(AQHA)   v. Black Ball

ROBERTS
ROAN MARE

PRIMERO
(Vollblut)   v. Leadville

Roberds v. ARAB
Appaloosa

143

Nur einige von JOKER B.'s erfolgreichen Söhnen:
Joker's Flying Star
Joker's Monte
Joker's Star B
Mr. MJB
Joker's Dude
Joker's Humdinger
Joker's Sleepy
Joker's Whistle
Top Deck's Joker

Nur einige von JOKER B.'s erfolgreichen Töchtern:
Joker's Moneca
Jessie Joke
Joker's Bluff
Joker's Flippant Miss
Joker's Tipcee

7. Die Starbuck Leopard-Familienlinie

Zu der Gruppe der leopardfarbenen Pferde aus Wyoming gehören bekannte Nachkommen wie Rainey Moon F–181, Sundance F–500, Ben-Lowe, Sunspot Revel und eine große Anzahl der heutigen Show-Sieger. Kein anderes Pferd in der Geschichte der Appaloosa-Zucht hat so viele Diskussionen über seine Herkunft und Abstammung entfacht wie ‚Starbuck Leopard'. Er wurde um die Jahrhundertwende geboren und gehört der Familie der ‚Wyoming Leopards' an. Alle zusammengetragenen Fakten deuten darauf hin, daß diese Gruppe leopardfarbener Appaloosas direkte Nachkommen aus ‚Chief Joesph's' Bestand sind.

Nachdem sich ‚Chief Joseph' und seine Leute 1877 ergeben hatten, gingen ihre Pferde in das Eigentum der U.S.-Armee über. Die Armee behielt einige einfarbige Pferde für die Kavallerie, und die übrigen wurden nach Forth Keogh zur Auktion gebracht. Fort Keogh lag im Herzen des Yellowstone-Gebietes, im Nordwesten Wyomings. Einige Nez Perce-Pferde entkamen und fanden den Weg zur ‚Wind River Reservation', in der Gegend von Riverton und Lander, Wyoming, südlich von Yellowstone.

Um die Jahrhundertwende fingen die frühen Rancher Wyomings größere Mengen dieser halb verwilderten Indianer-Stuten ein, kreuzten sie mit ‚Morgan'- oder anderen hochblütigen Hengsten und züchteten Pferde für die Rancharbeit. Es interessierte die Rancher wenig, welche Farbe oder Abstammung ein Pferd hatte, sondern vielmehr, daß es für die Rancharbeit geeignet war.

Einer der ersten bekannten Appaloosa-Hengste dieser Gegend war der sagenumwobene ‚Starbuck-Leopard', Stammvater der Sundance F-500-Linie. Er hatte eine auffallende Leopard-Zeichnung. Später nannte man ihn nur noch ‚Leopard'. Zu ‚Leopards' Zeit blühte das Geschäft des Pferde-Diebstahls noch, und da er selbst möglicherweise darin verwickelt war, konnte seine Abstammung nie festgestellt werden. Der junge Cowboy, der nach Überlieferungen erstmals mit dem wahrscheinlich ‚ausgeborgten' Hengst gesehen wurde, ließ sich vorsichtshalber nicht darüber aus. Man nimmt an, daß ‚Starbuck Leopard' ungefähr 1907 oder 1908 geboren wurde. Die alten Überlieferungen sind zum Teil widersprüchlich. Nach einem Bericht von Bob Peckinpah, einem ‚National Director' des ApHC, der sich in alten Blutlinien gut auskennt, soll sich folgendes zugetragen haben:

Der bereits benannte Cowboy ritt im Herbst 1917 halb erfroren auf einem gefleckten Hengst in Cheyenne, Wyoming ein. Er stellte sein Pferd in einem Mietstall unter und ließ es dort füttern. Es vergingen 2 Monate. Der Cowboy hatte sich erholt, weigerte sich aber, die Futterrechnung für das Pferd zu bezahlen. Der Stallesitzer machte also sein Pfandrecht an dem Pferd geltend. Der junge Cowboy war nicht gerade gesprächig, hatte aber einmal erwähnt, daß sein Pferd aus der Indianer-Reservation bei Riverton, Wyoming kam. Ein Mann namens John Campbell bezahlte die Futterrechnung über 32,50 Dollar und handelte sich damit das Pferd ein. Der junge Cowboy verließ die Stadt und man verlor seine Spur. In späteren Jahren entstanden laufend neue Gerüchte über ‚Leopard's‘ Herkunft und Abstammung, zum Teil von Leuten, die damit die Blutlinie interessanter machen oder ihr zu mehr Ansehen verhelfen wollten. Tatsache ist, daß niemand außer ‚Leopard's‘ jungem Cowboy-Reiter die wirklichen Umstände seiner Herkunft und Abstammung hätte klären können.

John Campbell, der ein guter Geschäftsmann war, wußte sehr wohl, daß ‚Leopard‘ weit mehr als 32,50 Dollar wert war. Kurz nachdem er ihn erstanden hatten, brachte er ‚Leopard‘ zusammen mit einigen Schimmel-Stuten zum Verkauf auf den Viehmarkt in Denver. Seine Preisvorstellung lag ziemlich hoch, und so wurden seine Pferde in der Auktion nicht verkauft. Nach der Auktion sprach ihn ein Mann namens John Starbuck an, der mit der Absicht nach Denver gekommen war, ein paar gute Reitpferde zu kaufen. Er bezahlte 500 Dollar für ‚Leopard‘ und drei Stuten. Dies war ein hoher Preis, aber beide Männer waren mit dem Handel zufrieden. John Starbuck, der ‚Leopard‘ lange Jahre besaß, gab später an, daß er zu diesem Zeitpunkt ca. 5 oder 6 Jahre alt war. Dies stimmt mit den vorher genannten Daten nicht überein, aber wie bereits erwähnt, ist ‚Leopard's‘ Vorgeschichte wie ein schwieriges Puzzle, bei dem sich einige Stückchen der Überlieferung nicht richtig einordnen lassen.

Zu einem späteren Zeitpunkt erwarb John Starbuck auf dem Pferdemarkt in Denver eine große Herde Stuten für den spottbilligen Preis von 5 Dollar pro Tier. Diese Stuten wurden von ‚Leopard‘ gedeckt. Aber schon kurz danach wurde die Herde von Unbekannten gestohlen. Einige Stuten tauchten in Colorado wieder auf, aber da sie ziemlich wertlos waren, machte sich John Starbuck nicht die Arbeit, sie nach Hause zu holen.

Ungefähr 3–4 Jahre, nachdem John den Hengst in Denver gekauft hatte, wurde wieder durch Pferde-Diebstahl weiteres ‚Leopard'-Blut in unbekannte Richtung zerstreut. Von Anfang an besaß John eine kleine Herde hochblütiger Rappstuten, die ihm sehr kostbar war. Er ließ diese Stuten von ‚Leopard' decken. Die Hengstfohlen verkaufte er und zog die Stutfohlen auf. Nach 3 Jahren besaß er eine wunderschöne Herde aus dunkelfarbigen ‚Leopard'-Töchtern und deren Müttern. Alle Stuten, die im deckfähigen Alter waren, wurden wieder von Leopard gedeckt. Sie sollten zum Verkauf in den ‚Osten' gebracht werden. John fuhr mit seiner Familie nach Denver, um den Eisenbahntransport zu buchen. Als er am nächsten Morgen nach Hause kam, war sein Korral leer und nicht eine seiner schwarzen Stuten zu sehen. Ein Nachbar erzählte ihm später, daß zwei Reiter die Herde an seiner Ranch vorbeigetrieben hätten.

Als ‚Leopard' ungefähr 18 Jahre alt war, mußte sich John von ihm trennen. Es war ihm nicht möglich, den Hengst jeden Tag zu reiten, und trotz seines Alters hatte ‚Leopard' zuviel Energie, wenn er nicht regelmäßig bewegt wurde und nur im Korral stand.

John Starbuck hat es nicht bereut, daß er den Hengst in Denver so teuer eingekauft hatte. ‚Leopard' vererbte viel Farbe und vor allen Dingen seine markante Leopard-Fellzeichnung.

Ungefähr 1931 kaufte Charley Cummings aus Colorado den Hengst und kreuzte ihn mit seinen Vollblutstuten. Cummings starb 1934, und die Ranch mit allen Pferden wurde von seinem Nachbarn Joseph Stranskey erworben. ‚Starbuck Leopard' und sein Sohn ‚Dayligth' waren inbegriffen.

1940, also sechs Jahre später, starb ‚Leopard' an Altersschwäche.Er hinterließ nur wenige direkte Nachkommen, von denen man mit Sicherheit sagen kann, daß ihre Abstammung unbestreitbar ist.

DAYLIGHT
(nicht reg.)
geb.: 1928 oder 1929
Vater: Starbuck Leopard
Mutter: Cumming's Vollblutstute v. Sands of Time
Farbe: Fuchs-Leopard

Dayligth's Mutter war ein gutes Rennpferd und lief in den frühen 20er Jahren in Colorado.

Daylight trug am Hals den Brand von Charley Cummings. Als Cummings starb, übernahm Joseph Stranskey den Hengst mit dessen Ranch.

Bedeutung erhielt ‚Daylight' durch seinen hervorragenden Sohn ‚Sundance F-500', der durch seine vielen leopard-gefleckten Fohlen die Blutlinie bekannt machte.

Ein weiterer Sohn, ‚Leopard S, T-4396' begründete ebenfalls eine Familienlinie, die sich durch die starke Vererbung der Leopard-Fellzeichnung hervortat. Daylight wurde nicht registriert. Er starb 1945.

COLUMBINE
(nicht reg.)
Vater: Starbuck Leopard
Mutter: CRHA mare Orchard Belle

Auch Columbine hatte die typische Leopard-Fellzeichnung. Ihre Söhne ‚Starbuck Leopard II' und ‚Sheik Jibbah' sind die Erzeuger einer großen Anzahl von Colorado-Wyoming Appaloosas. Auch Columbine's leopardfarbene Tochter ‚Lady Rose F-498' war eine hervorragende Zuchtstute jener Zeit.

SHEIK JIBBAH
Vater: Starbuck Leopard
Mutter: Columbine v. Starbuck Leopard

Sein bekanntester Sohn ‚Starbuck Leopard II' aus seiner Mutter ‚Columbine' war ebenso wie ‚Lady Rose F-498' ein Produkt der Starbuck Leopard-Inzucht. Viele der direkten Nachkommen dieser Linie wurden nie registriert.

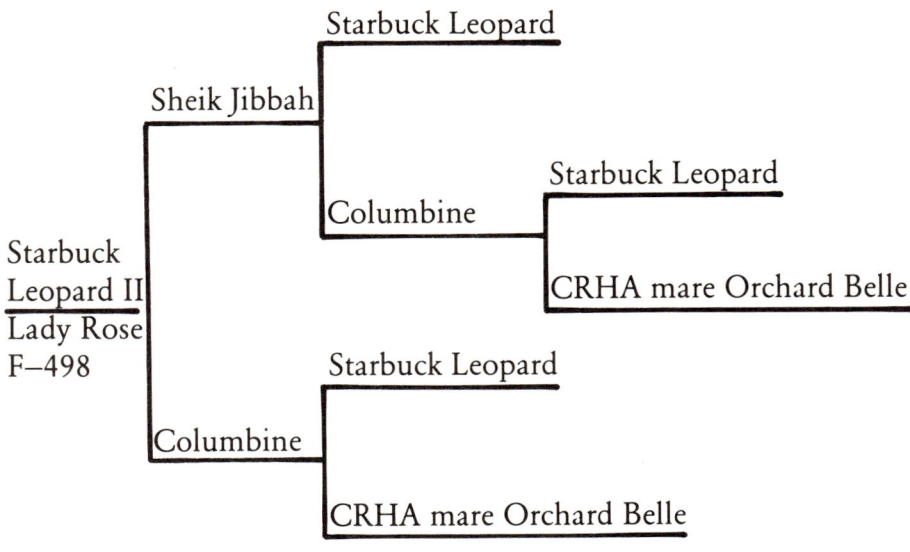

Starbuck
Leopard II
Lady Rose
F—498

Sheik Jibbah

Starbuck Leopard

Columbine

Starbuck Leopard

CRHA mare Orchard Belle

Columbine

Starbuck Leopard

CRHA mare Orchard Belle

SUNDANCE F—500
geb. 1933
Vater: Daylight
Mutter: Chico

Sundance 500 verdiente sicherlich eine ausführlichere Beschreibung, als mir an dieser Stelle möglich ist. Zur Förderung seiner Nachzucht und für Liebhaber dieser Blutlinie wurde eine eigenständige Zuchtvereinigung gegründet.

Sundance wurde von Phil Jenkins in Colorado gezogen.

Seine Mutter, eine Rappstute mit tiefschwarzen Flecken, war eine echte Indianer Appaloosa-Stute aus dem Bestand der Navajo. Sie war gut gebaut und zeigte viel Rennvermögen. Sundance' Vater ‚Daylight' ging aus der Verbindung von ‚Starbuck Leopard' mit einer Vollblutstute hervor.

Durch den Verkauf von Sundance's Fohlen war es Phil Jenkins möglich, die Hypotheken auf der von ihm erworbenen Ranch in Colorado abzuzahlen. Als er selbst einen ansehnlichen Bestand an Sundance-Stuten besaß, verkaufte er den Hengst.

Der neue Besitzer, John Whisanad (auch Whisenane geschrieben), reiste mit Sundance durch ganz Colorado und Wyoming, wo er als Deckhengst eingesetzt wurde. Sundance-Blut wurde von New Mexico bis nach Montana verbreitet.

1947/48 ging Sundance in den Besitz von Doc Edwards, Colorado, über. ‚Doc' ließ ihn und den ebenfalls erworbenen ‚Woodrow Sheik' (Sohn v. Sundance) beim ApHC registrieren und benutzte beide Hengste für seine Stuten.

Sundance starb 1954. Hört man Appaloosa-Züchter über echte Leopards sprechen, so wird in diesem Zusammenhang sicher auch der Name SUNDANCE fallen. Seine direkten Nachkommen hatten maßgeblichen Einfluß auf die Appaloosazucht.

Sundance's bekannteste Töchter waren ‚Leopard Lady' F–167, (Mutter v. Patchy Jr.) und ‚Sunshine F–1290', die als einzige seiner direkten Nachkommen einen bedeutenden National-Sieg errang.

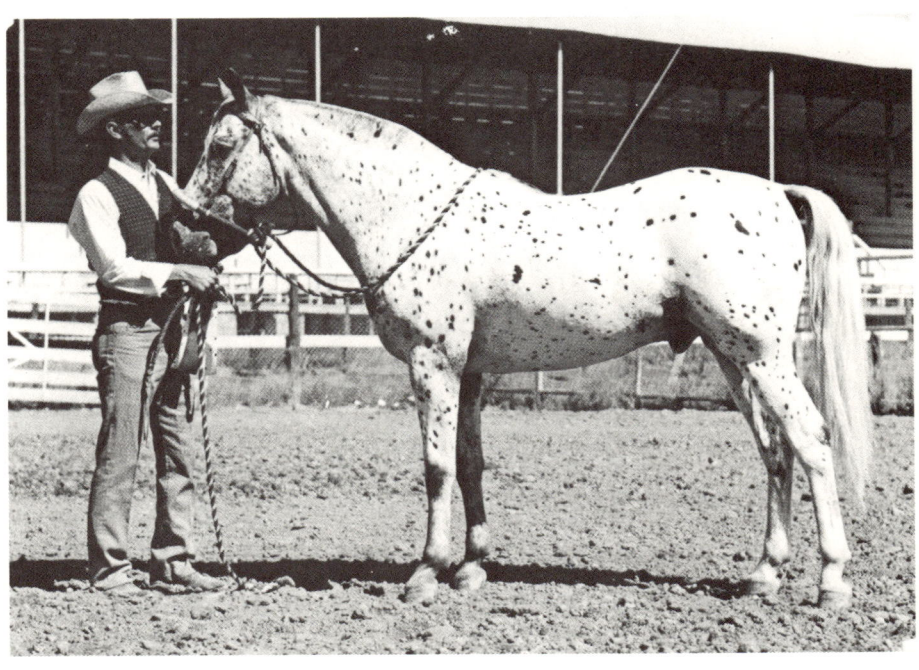

‚SUN EAGLE', ein Hengst aus der Sundance 500-Linie

Anhang

1. Appaloosa-Zucht in Deutschland

Einen ersten maßgeblichen Beitrag zur Popularität des Appaloosa-Pferdes in Deutschland leisteten der in Hessen geborene Züchter Ludwig Appel und seine Frau Roma aus Indiana, USA. Zwar gab es vorher schon einige wenige Appaloosas in Deutschland, aber kaum jemand wußte von ihnen. Appels scheuten das Risiko nicht und brachten aus privater Initiative 10 Appaloosa-Pferde nach Deutschland, um sie auf der Equitana 1975 vorzustellen. Richard Appel, in seiner Heimat ein erfolgreicher Show-Reiter, ritt die Pferde seiner Eltern vor und konnte das Publikum begeistern. Der Appaloosa gewann auf dieser Equitana

Appaloosa-Pferde in Transportkisten *(Foto: v. H.)*

viele Bewunderer, und manch einer hätte sich gerne eines dieser hübschen Pferde gekauft, hatte jedoch nicht das erforderliche „Kleingeld". Die meisten dieser Pferde wurden also nicht verkauft, und Appels, die nur befristete Zeit in Deutschland bleiben konnten, brachten sie in einem Reitstall unter. Futterumstellung und andere unglückliche Faktoren setzten den Pferden hart zu, und bald hatten sie ihren ursprünglichen Glanz weitgehend verloren. Nach und nach wurden die Appaloosas verkauft, und teilweise wechselten sie mehrmals den Besitzer, bevor sie ihr heutiges Zuhause fanden. Während der vergangenen 6 Jahre blieb aus diesem Pferde-Import lediglich ein Appaloosa im Gespräch. Dies war der Hengst ‚APACHE APPLESAUCE', der auch heute mit 23 Jahren noch durch seine imposante Erscheinung besticht und durch seine Nachzucht bekannt ist.

Ein anderer Hengst aus Appel's Bestand wurde erst Ende 1979, nach dem Erwerb durch Hans-Wolfgang Lesch, bekanntgemacht. Familie Lesch, seit der ersten Begegnung mit dem Hengst ‚REIGNING ROUGUE' von ihm fasziniert, gelang es nach fast 4 Jahren, diesen Hengst zu erwerben.

1. Deutsche Appaloosa-Auktion im Frühjahr 1979

Ausgelöst durch die Equitana '75, setzte eine starke Nachfrage nach Appaloosa-Pferden ein. Skrupellose oder vielleicht auch nur unwissende Geschäftsleute machten sich die Situation zunutze und boten alle möglichen gefleckten Pferde, von Ponies bis zu Knabstruppern, als preiswerte ‚Appaloosas' zu dennoch viel zu hohen Preisen an.

Auch der am 6.3.76 gegründete ‚Deutsche Appaloosa- und Tigerschecken-Verband' konnte keine Abhilfe schaffen. Das grundlegende Wissen über den reinrassigen Appaloosa war einfach nicht ausreichend vorhanden, und so kam es zu Uneinigkeiten über den erwünschten Standard der Rasse. Letztlich scheiterte der Verein an den nicht in Einklang zu bringenden Zielen und Wünschen von Züchtern gefleckter Ponies einerseits und Züchtern und Besitzern reinrassiger Appaloosas andererseits.

Auf der Equitana 1977 wurde dem Publikum der reinrassige Appaloosa durch die Vorführung des bekannten Hengstes ‚JOKERS CEDAR AUTUMN' in Erinnerung gebracht. Vorgeritten von Jean-Claude Dysli, der ‚Joker' selbst importiert hatte, gefiel der stattliche Hengst mit seiner auffallenden Fellzeichnung den Zuschauern.

Im gleichen Jahr bekam die Appaloosa-Rasse in Deutschland ihren bis dahin stärksten Auftrieb durch den Import von 21 Pferden aus USA. Hans Peter Hückeswagen, von der Rasse und ihrer Zukunft überzeugt, legte damit den Grundstein für die zur Zeit größte Appaloosa-Zucht in Deutschland. Sein erster Hengst, der 1977 importierte ‚COMANCHE BOB G.R.', ist durch seine guten Vererbungsanlagen bekannt geworden.

Ich selbst erwarb 1977 auf der ‚National Show' in Syracuse, N.Y., den damals 2 1/2jährigen Hengst ‚TRAVELIN DICE'. ‚Dice' hatte bereits mehrere ‚Halter'-Championate gewonnen, war in Spitzenkondition und bei seiner zusätzlich hübschen Farbe und Fellzeichnung war es „Liebe auf den ersten Blick".

Pferde – Index

158

Hengste in Deutschland

(Eintragungen übernommen
aus WESTERN HORSE
Hengstkatalog '92)

A Carmel Touch

Rasse: ApH

Besitzer:
Susan Haub
Alte Kelterei, Kasseler Str. 20
6322 Kirtorf-Arnshain
Tel.: 06692 / 63 26, Stall: 06421 / 7609

Decktaxe: DM 1.000,–
Lebendfohlengarantie

Deckstation: Bei Marburg

Farbe: palomino/ white spots

Alter: 15.1.88

Run For Blue
— Roman's Strawman
— Dee Gal

A Touch Of Blue

Dolly Parton
— Prince's Tyson
— Ralph's CindyKay

A Carmel Touch

Impressive On Deck
— Miss Scooper Deck
— Triples Image

Forever In Blue Jeans (AQHA)

Denim Britches
— Dear's Little Lady

Leistungen des Hengstes:

1988 gewann Carmel über 1.000 $ in einer Fohlen-Futurity. Als Jährling stand er 2. Platz in Meckesheim. 1991 war er Reserve Halter Champion im American-Airlines-Breeders-Cup, Meschede und 2. Platz in Nümbrecht. Gleichzeitig gewann und plazierte er sich in Disziplinen wie Western Pleasure, Trail + Reining. Carmel's Sire wurde APHC Supreme Champion. Er wurde in Western, Englisch und auch in Rinderklassen geshowt. Ein Allrounder wie sein Sohn. Obwohl er im Pleasure Typ steht, ist Carmel mit seiner Schnelligkeit, Vielseitigkeit und seinem ruhigen Temperament ein Pferd für alle Fälle - selbst seinen Cow-Sense bewies er bereits.

Leistungen der Nachzucht:

Carmel's 1. Fohlen, geb. im Juni 91, erreichte den 3. Platz von 9 Hengsten auf der German Appaloosa Trophy 1991 in Münster

166

Already Here

Rasse: ApH **Reg.-Nr.:** APHC484568 **Farbe:** chestnut white blanket **Alter:** 1977

Pedigree:

Already Here
- Red Baron D
  - Rock Bottom Red
    - Slate Rock
    - Wee Laurelee
  - Campbelot Rock
    - Candys Rock
    - Richard's Rosette
- Stay Here
  - Stay Ready
    - Snow Fire
    - 3 N Dottie G
  - Villa Bar
    - Van Bar
    - Villa Canzante

Besitzer:
High-Rock-Ranch
Karl u. Anna Strobl
Frauenboden 11
8431 Hohenfels Großbissendorf
Tel.: 09472 / 355

Decktaxe:
DM 1.200,-
Lebendfohlengarantie

Deckstation: s. o.

Leistungen des Hengstes:

396 Show Points of: Halter, Pleasure, Reining, Hunter und Trail

Canadian Nat. Champ. Western Pleasure (2-Years-Old); Canadian Nat. Champ. English Pleasure (2-Years-Old); Supreme Western Pleasure Horse; Canadian Nat. Performance High Point Horse; Nat. Supreme Halter Award; Nat. Champion Get of Sire; Supreme English Pleasure Horse. "Ready" ist seit 1988 in Deutschland. In nur 1 1/2 Jahren wurde er: Champion Get of Sire "Americana 88"Grand Champion und 6 x Champion in Halter und Western Pleasure. Seit 1989 wird "Ready" nur noch in der Zucht eingesetzt.

Leistungen der Nachzucht:

"Ready" Nachkommen haben bei Shows in Canada, Europa und Deutschland in den Klassen: Halter, English Pleasure, Trail Hunter und Western Riding über 60 x 1. Platz und viele weitere Plazierungen erreicht.

167

App To Impress

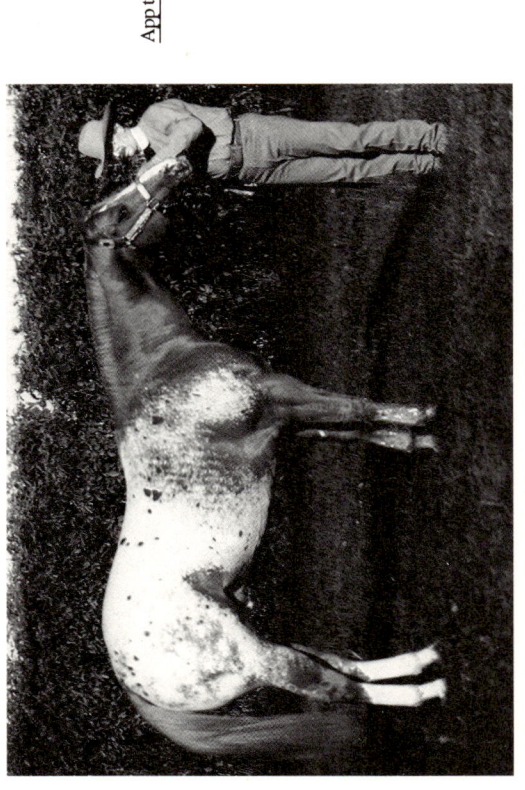

```
                                    ┌─ Dandy Impression
                     ┌─ Dandy Impression
                     │              ├─ Bonanza
                     │              └─ Wildhoney
App to Impress ──────┤
                     │              ┌─ Impressive Luck
                     └─ Jori's Luck ┤
                                    └─ Joni Luck
```

| Rasse: ApH | Reg.-Nr.: 465798 | Farbe: chestnut | Alter: 13.3.87 |

Besitzer: Stonehenge Zucht GdBR
Stiessberg 1
8052 Pfrombach
Tel.: 08762 / 456, Fax: 08762 / 38 87

Decktaxe: DM 1.500,–
Lebendfohlengarantie

Deckstation: Stonehenge-Ranch
s. o.

Leistungen des Hengstes:

Mehrfacher Grand u. Reserve Champion in den USA. Dreifacher Railsplitter Sieger 1989. Im selben Jahr war er für die Worlds qualifiziert und stand in den Top Ten. Auch in Deutschland setzte er seine Erfolge fort. Mehrfacher Grand Champion 1990. 1991 High Point Horse aged Stallion und qualifiziert für die World Show. Sehr guter Farbvererber und hervorragendes Pleasure Pferd

Featuring Goer

		Lum Bay Go
	Go Bay Go	Lula Belle
Goer		Wiggy Bar
	Miss Bar Heels	Miss Gold Slip
Featuring Goer		Sir Quincy Dan
	Quincy Feature	Ready Bobby Sox
Betsys Bito Honey		Mr. Cabin Bar
AQHA	Miss Betsy Cabin 3	Betsy Cee

Rasse: ApH   **Reg.-Nr.: 468087**   **Farbe: chestnut/snowfl.**   **Alter: 4 J.**

Besitzer: Strasser GmbH
Peter u. Monika Strasser
St. Ulrich Str. 31
8901 Eisingersdorf
Tel.: 08237 / 320 od. 0821 / 71 92 22

Decktaxe: DM 1.500,–

Deckstation: s. o.

Leistungen der Nachzucht:
1992 erstmals im Deckeinsatz

Comanche's Joe B

Rasse: Appaloosa   **Registrier-Nr.: T 338486**   **Farbe: Fuchs mit Decke**   **Alter: 7.5.1980**

			Comanch Six Pint
		Rasmussen Comanche	
	Comanche Bob G. R.		Madam Patch
			Moderado
		Modern Bobbie	
Comanche's Joe B			Baccus Bobbie
			Joker B
		Joker Comanche Boy	
	Joker Bear Lady		Lucy's Pride
			Bijou Running Bear
		Bijou Lady Bear	
			Blue Lady

Besitzer: Red Hill Ranch
Rolf Kutschera / Inge Müller
Rötelhof
7238 Oberndorf/Neckar
Tel.: 07423 / 66 14, Fax: 07423 / 825 80

Decktaxe: DM 2.000,–
Lebendfohlengarantie

Deckstation: s. o.

Leistungen des Hengstes:
'Joe' it unumstritten der rittigste und vielseitigste Appaloosa-Hengst Europas. Das belegen seit Jahren seine zahlreichen Turniererfolge im In- und Ausland. Als "Allarounder" errang er Siege und Plazierungen in Western Pleasure, Western Horsemanship, Trail, Western Riding, Reining und Halter. z. B. 1989 Allaround Champion Show Nümbrecht, 1990 European Appaloosa Rs. Champion Western Riding, 1991 German Champion Western Riding ApHCG High Point und Champion Horse
Nachdem 'Joe' seine Erfolge mit der Deutschen Meisterschaft gekrönt hat, zieht er sich aus der Show-Szene zurück und steht nunmehr als Deckhengst der RED HILL RANCH zur Verfügung. Er vererbt sein freundliches, gutartiges Wesen, seine Leistungsbereitschaft, exzellente Gänge und viel Farbe. Stutenbesitzer, die wirkliche 'Performance-Pferde' züchten wollen, sind stets willkommen.

170

Jolly Dice

Travelin Dice
- Triangle Traveler
  - Jokers Traveler
  - Indian Magic
- Triangle Blue Velvet
  - Wyalta Spe. Boy
  - Mildred's Doll

Sheika
- Blueys Indian Star
  - Mc Elhan.Chief Pride
  - Our Bluey
- Kitty
  - Chief Left Hand
  - Miss Bobby Sox

Jolly Dice

Rasse: ApH   Reg-Nr.: 464661285   Farbe: schw./weiß   Alter: 23.5.85

Leistungen des Hengstes:
1A gekört, Siegerhengst Körung Aachen 1987, 1988
Goldmedaille Fohleneintragung 1985

Nachzucht:
nur bunte Fohlen

Besitzer: Johanna Gräfin von Westphalen
Haus Laer
5778 Meschede
Tel.: 0291 / 66 81, Fax 61 91

Decktaxe: DM 800,–
Lebendfohlengarantie

Deckstation: Appaloosa Gestüt Laer
s. o.
Termin nach Vereinbarung

Midnight Slider

```
                                          Rustlers Shady
                              Shady Slider
                                          Lady
                                          Dexter´s Missy
Midnight Slider
                                          Missy Cisco Kid
                              Midnight Glorie
                                          Ozark Lady San
```

Leistungen des Hengstes:

Sehr erfolgreich vorgestellt in den Klassen Pleasure, Horsemanship und Halter. Viele 1. Plätze in allen 3 Diziplinen. Sehr ruhig, guter Charakter, gibt diese Eigenschaften an seine Nachzucht weiter

Rasse: ApH   **Reg.-Nr.: 493217**   **Farbe: schwarz**   **Alter: 9 J.**

Besitzer: Willi Engelhorn, Kalla Lind
                     Zuzenhäuser Str. 50
                     6920 Sinsheim-Hoffenheim

Decktaxe: DM 1.400,–
                     Lebendfohlengarantie

Deckstation: Willi Engelhorn - Buffalo Mountain
                     s. o.

172

Native Goer

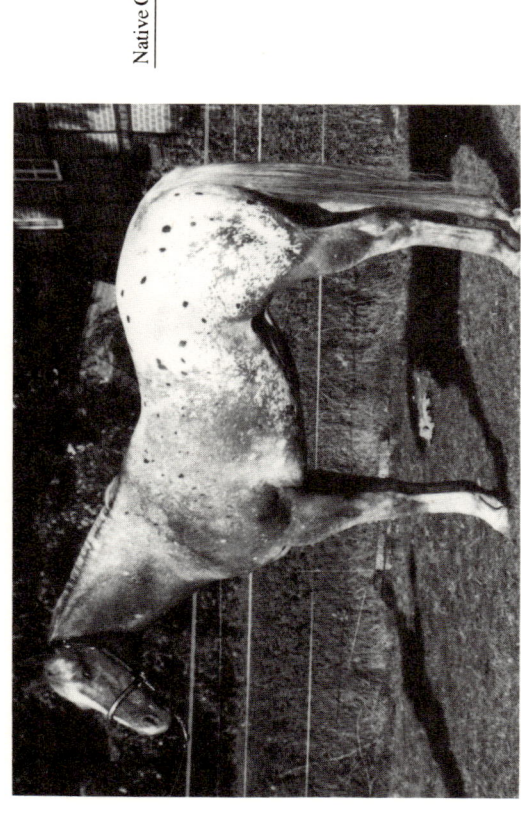

```
                                    Navajo Whirlaway
                        Miss Get N Go
                                    Miss Get N Go
              Native Sun             Colida
                        Miss J. L. Colida
                                    Moon Snip (QH)
      Native Medallion
                                    Go Bay Go
                        Goer
                                    Miss Bar Heels (QH)
              Top Goer               Beau B Deck (QH)
                        Dial Frosty (QH)
                                    Frosty Gain (QH)
Native Goer
```

Rasse: ApH   Reg.-Nr.: 476666 Farbe: chestn./blank.   Alter: 4 J.

Besitzer: Hans-Wolfgang Lesch
                   Dorfstr. 1
                   2121 Dahlenburg
                   Tel.: 05851 / 77 63

Decktaxe: Priv. Treaty
                   Lebendfohlengarantie

Deckstation: Lesch & Lesch
                   s. o.

Leistungen des Hengstes:

U.a.: Alabama State Champion 1989, Tennessee State Champion 89, Tennessee High Point Stallion 89, Award of Excellence 89, European Champion and Grand Champion 1990, German National und International Champion 1991, ApHCG High Point 3-Year-Old Stallion 91, ApHCG Champion Stallion 91, World Qualifier 89, 90, 91

Leistungen der Nachzucht:

Erster Fohlenjahrgang 1992

Solitary Jack

Joker's Traveler			

```
                                    ┌── Joker's Traveler
                     ┌─ Triangle's Travelon ─┤
                     │              └── A's Indian Magic
        ┌─ Travelin Dice ─┤         ┌── Wyalta Speckle Boy
        │            └─ Triangle's Black ─┤
        │              Velvet    └── Mildred's Doll
Solitary Jack ─┤
        │                       ┌── Heliopolis
        │            ┌─ Old Sol ─┤
        │            │         └── Be Faithful
        └─ Miss Solitary ─┤     ┌── Lighting Head
                     └─ Bonnie's Flash ─┤
                                   └── Bonnie G.
```

Rasse: ApH **Reg.-Nr.: 476063** **Farbe: chestnut** **Alter: 8 J.**
with spots, roan overo hips

Besitzer:
Friederike Fritz
Danziger Allee 3a
6203 Hochheim/Main
Tel.: 06146 / 99 57

Decktaxe:
DM 900,–
Lebendfohlengarantie

Deckstation:
s. o.
Besichtigung jederzeit nach telef. Absprache

Leistungen des Hengstes:

Jack's Pedigree geht auf bekannte Foundation + Quarter Horse Linien zurück (u.a. King, Peter McCue, Joker B, Sonny Boy, High Light). Er vererbt sein korrektes Exterieur und zeichnet sich durch 100%ige Verläßlichkeit und Charakterstärke aus. Seine Verläßlichkeit als Farb-Vererber beweisen seine bunten Fohlen. Mehrfacher Sieger und Plazierter in Reining u. Working Cowhorse. (Jack ist selbstverständlich gekört und leistungsgeprüft und besitzt US-Papiere)

Leistungen der Nachzucht:

Kontrastreich gezeichnete, typvolle korrekte Fohlen, die seinen liebenswerten Charakter übernommen haben. Mehrfache Auszeichnungen vom Rhein. Pferdstammbuch, Futurity Sieger und Plazierte

174

Skipa Rock

| Rasse: Appaloosa | Registrier-Nr.: 433046 | Farbe: bay/white spots over back & hips | Alter: geb. 1985 |

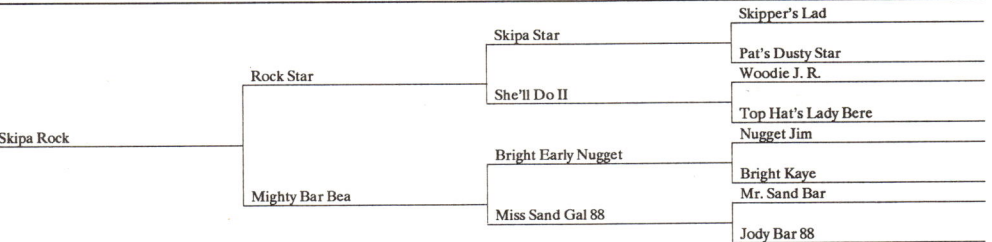

Pedigree:

- Skipa Rock
  - Rock Star
    - Skipa Star
      - Skipper's Lad
      - Pat's Dusty Star
    - She'll Do II
      - Woodie J. R.
      - Top Hat's Lady Bere
  - Mighty Bar Bea
    - Bright Early Nugget
      - Nugget Jim
      - Bright Kaye
    - Miss Sand Gal 88
      - Mr. Sand Bar
      - Jody Bar 88

Besitzer: Appaloosa Gestüt Rittergut Deensen
Karola Freiin von Hodenberg
Am Alten Born 4
3457 Deensen
Tel.: 05532 / 54 55 Fax: 05532 / 4737

Decktaxe: 2.000,– DM
Lebendfohlengarantie

Deckstation: Appaloosa Gestüt Rittergut Deensen
Adr. s.o.

Leistungen des Hengstes:

Grand National Champion at: 1987 Iowa State Fair, 1987 Minnesota State Fair, 1987 Sioux Empire South Dakota State Fair, erfolgr. plaz. World Championship Show. Grand Champion ApHC-Approved Show Deensen 1990, European Champion Aged Stallions "Americana 90". Für ein Rock Star Weanling wurde im Nov. 1989 der höchste Preis erzielt, den je ein Appaloosa-Fohlen brachte seit Bestehen der Zucht. Mighty Bar Bea: Top Ten at the Nationals in Halter and placed in W.Pleasure. Skipa Rock hat nicht nur allerbestes Blut, er ist außergewöhnlich hübsch, hat ein liebenswertes Wesen, hat Perf.- und Halter-Veranlagung und vererbt viel Farbe. Gekört u. Leistungsgeprüft.

175

Sunny Be Zip

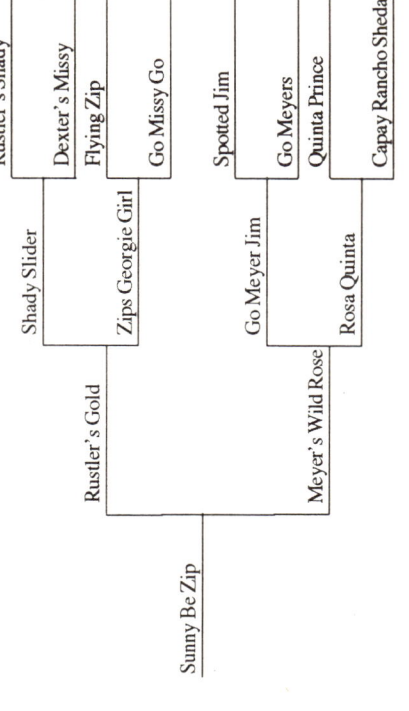

			Rustler's Shady
		Shady Slider	
			Dexter's Missy
	Rustler's Gold		Flying Zip
		Zips Georgie Girl	
			Go Missy Go
Sunny Be Zip			Spotted Jim
		Go Meyer Jim	
			Go Meyers
	Meyer's Wild Rose		Quinta Prince
		Rosa Quinta	
			Capay Rancho Sheda

Rasse: ApH   **Reg.-Nr.: 492847**   **Farbe: chestnut**   **Alter: 1989**

Besitzer: Brigitta Drees
Am Flugplatz 26
4800 Bielefeld 12
Tel.: 0521 / 49 22 01, Fax: 0521 / 41 27 98

Decktaxe: DM 800,–
Lebendfohlengarantie

Deckstation: Wildrose Farms
s. o.

Leistungen des Hengstes:

1990 European Champion Yearling Stallion
1991 gekört und vorsichtig angeritten

'Sunny' zeigt sich unter dem Reiter sehr willig und ist problemlos im Umgang.
Sein guter Charakter macht ihn äußerst liebenswert. Da seine Familie in unserem
Stall bereits zahlreich vertreten ist, würden wir 'Sunny' evt. auch verkaufen.

Wir beraten gern in allen züchterischen Fragen.

176

Travelin Dice

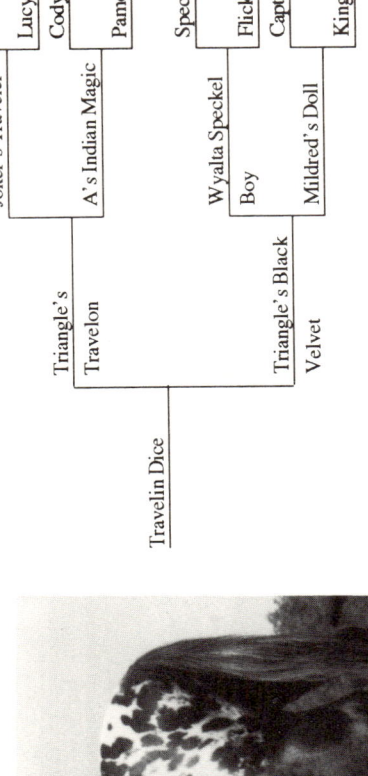

Rasse: ApH **Reg.-Nr.: 226078** **Farbe: Rappe** **Alter: geb. 1975**

Travelin Dice
- Triangle's Traveler
  - Joker's Traveler
    - Joker-B
    - Lucy Lockett
  - A's Indian Magic
    - Cody Joe
    - Pamela Girl
- Triangle's Black Velvet
  - Wyalta Speckel Boy
    - Speckel Boy
    - Flicka J
  - Mildred's Doll
    - Capt. Alberts Monkey
    - King's Misque

Besitzer: Rainer Holzwarth-Fischer
Kantstr. 54
7450 Hechingen
Tel.: 07471 / 137 72 od. 27 13

Decktaxe: DM 1.200,–
Lebendfohlengarantie

Deckstation: Lindichstr. 22
7450 Hechingen

Leistungen des Hengstes:

Halter Champion in Florida
Grand Champion in Deutschland
Wenig geshowt, aber viele gute und beste Plazierungen in Western Riding, Reining u.a. Disziplinen. Viel Cow Sense

Leistungen der Nachzucht:

Viele gekörte Söhne, Turniersieger, Futurity-Sieger, Sieger in Halter-Shows, viele Gold- und Silbermedaillen-Fohlen. Neben einem korrekten Körperbau vererbt 'Dice' viel Eleganz, Farbe und vor allem seinen liebenswerten Charakter

Quellenverzeichnis

APPALOOSA the spotted horse in art and history, Francis Haines
Know the Appaloosa Horse, Lee Arlandson
Appaloosa Coat Color Inheritance, Robert W. Miller
Appaloosa Show Rule Book, The Appaloosa Horse Club, Inc.
Appaloosa Registry and Membership Handbook, Appaloosa Horse Club, Inc.
Appaloosa Racing Manuel, Appaloosa Horse Club, Inc.
American Indian Costume Classes, Jack R. Williams
Appaloosa History, Artikel von Francis Haines
Crosses that will kill your color, Artikel von George Hatley
The Complete Book of the Appaloosa, Jan Haddle

Von Hardy Oelke
2. Auflage, 21 x 29,7 cm,
164 Seiten, über 250 Abbildungen, geb., ca. DM 68,-

Das Standardwerk für die systematische Ausbildung, in der zweiten Auflage mit dem Extrateil "Westernreitstunde"

Inhalt:
- Westernreiten kontra Englisch-Reiten?
- Wie lerne ich Westernreiten?
- Die Western Horse-Rassen
- Auswahl eines geeigneten Pferdes
- Equipment
- Pferdehaltung, Arbeit mit jungen Pferden
- Breaking
- Ausbinden, Longieren, Fahren vom Boden
- Westerndressur, gestern und heute
- Gewöhnen ans Reitergewicht
- Vertikale, laterale und diagonale Kontrolle
- Schulterkontrolle, Schenkelhilfen, Hinterhandkontrolle
- Schooling
- Einiges Grundsätzliches zur Reitweise und Hilfengebung, Dressur und Reiten
- Spezielles Training für die einzelnen Reining-Elemente Back Up / der Stop / Zirkel / Flying Lead Changes / der Spin oder Turn-Around / Roll Backs; Pivots
- Hackamore Training
- Neck Reining
- Umstellung anders gerittener Pferde auf die Western-Reitweise
- Ground Tying
- Zum Abschluß noch einmal Generelles
- Stichwortverzeichnis

Übersetzt von Hardy Oelke
Großformat 21 x 29,7 cm, ca.
160 Seiten m. zahlr. Abbildungen, fester Einband m. farb.
Schutzumschlag, DM 58,-

Das Buch des Trainers, Richters und Lehrers R. Shrake zeigt Schritt für Schritt, welche Voraussetzungen erfolgreiches Westernreiten erfordert.

Die Lektionen beginnen bei der Auswahl des Pferdes und der Ausrüstung, behaneln Sättel, Zaumzeug, korrekten Sitz, Gebrauch der Füße, Beine, Arme, Hände etc.

Besonders für angehende Turnierreiter und engagierte Westernreiter ist dies das ideale Buch, die sachkundige und fundierte Einführung in das Westernreiten überhaupt.

Von Jack Brainard
Großformat, 160 Seiten mit zahlr., Abbildungen, fester Einband mit farb. Schutzumschlag, geb., DM 58,-

Das Buch dieses großen Trainers und Pferdekenners lehrt die Basis der Pferdeausbildung für die Westernreitweise. Es ist die Grundlage für Cutting, Reining, Pleasure, Trail und Freizeitreiten.

Wer Schwierigkeiten bei der Ausbildung von vornherein vermeiden und mit seinem Pferd als Partner zu Freude und Erfolg (zurück-)finden möchte, der sollte an diesem "Fernkurs" mit Jack teilnehmen - es wird einer der erfolgreichsten werden.

**Reining -
Die Hohe Schule des
Westernreitens**

Von Bob Loomis
mit Kathy Kadash,
übersetzt von Hardy Oelke
1991, Großformat, 250 Seiten, geb., DM 78,-

Bestellen Sie noch heute dieses sensationelle Buch: Reining funktioniert besser mit Loomis!

Von Leon Harrel,
übersetzt von Hardy Oelke
Großformat 21 x 29,7 cm,
160 Seiten, zahlr. Abb., geb.,
DM 58,-

Cutting ist ein faszinierender Sport. Der Trainer Leon Harrel bietet in Wort und Bild Ihr persönliches Cutting-Trainingsprogramm: Wie man beginnt / Ausrüstung
Wie geritten wird, Richten und Bewerten / Rinder
Showen und Gewinnen / Training
Großartige Pferde

Kierdorf Verlag • Gut Dohrgaul • 5272 Wipperfürth